TODO O MUNDO TEM DÚVIDA, INCLUSIVE VOCÊ.

Prof. Édison de Oliveira

TODO O MUNDO TEM DÚVIDA, INCLUSIVE VOCÊ.

Edição atualizada pela Prof.ª MARIA ELYSE BERND

www.lpm.com.br

L&PM POCKET

Coleção **L&PM** POCKET, vol. 964

Texto de acordo com a nova ortografia.

Este livro foi publicado em primeira edição, em 1974, pela Editora Sagra Luzzatto e atualizado em 1998.

Primeira edição na Coleção **L&PM** POCKET (atualizada de acordo com a nova ortografia): outubro de 2011

Capa: L&PM Editores
Revisão: Fernanda Lisbôa

CIP-Brasil. Catalogação na Fonte
Sindicato Nacional dos Editores de Livros, RJ.

O46t

Oliveira, Édison de, 1934-2008
Todo o mundo tem dúvida, inclusive você. / Prof. Édison de Oliveira. – Ed. atualizada pela Prof.ª Maria Elyse Bernd. – Porto Alegre, RS: L&PM, 2011.
208p. : il. (Coleção L&PM POCKET; v. 964)

Inclui índice
ISBN 978-85-254-2354-2

1. Língua portuguesa - Erros. 2. Língua portuguesa - Vícios de linguagem. I. Título. II. Série.

11-3043 CDD: 469.83
CDU: 811.134.3'271.1

Rua Comendador Coruja, 314, loja 9 – Floresta – 90.220-180
Porto Alegre – RS – Brasil / Fone: 51.3225.5777 – Fax: 51.3221.5380

Pedidos & Depto. Comercial: vendas@lpm.com.br
Fale conosco: info@lpm.com.br
www.lpm.com.br

Impresso no Brasil
Primavera de 2011

Agradecimento

À inestimável colaboração da Prof.ª Maria Elyse Bernd, que há tanto tempo me acompanha no Curso Permanente de Português.

Inverno de 1998

Sumário

Escreva certo

ANO NOVO OU ANO-NOVO?

Talvez você nunca tenha recebido um cartão de ano-novo certinho. Eu, pelo menos, nunca tive essa satisfação. *A verdade é que ano-novo* (o ano entrante; o próximo ano; a meia-noite do dia 31 de dezembro) *deve ser grafado com hífen.*

Trata-se de uma figuração, e o *tracinho* serve para sugeri-lo. Os bons dicionários e o próprio Vocabulário da Academia Brasileira de Letras estão aí para confirmar.

EU ACHO QUE... OU EU ACHO *DE* QUE...?

Em entrevista de rádio e de televisão, ouve-se, com frequência, o entrevistado dizer "eu acho *de* que", "eu penso *de* que", "eu julgo *de* que", etc. Entretanto esse *de* é completamente dispensável e absurdo. Afinal, quem acha acha alguma coisa e, não, *de* alguma coisa; quem pensa pensa alguma coisa e, não, *de* alguma coisa; quem julga julga alguma coisa e, não, *de* alguma coisa.

Exemplos:

Acho que o time precisa de alguns reajustes.

(E não: acho *de* que o time precisa de alguns reajustes.)

Penso que são necessárias enérgicas providências.

(E não: penso *de* que são necessárias enérgicas providências.)

Julgo que o problema será superado.

(E não: julgo *de* que o problema será superado.)

TELEVISÃO A CORES OU EM CORES?

Usando a língua culta, padrão, devemos dizer *televisão em cores* por coerência com outras expressões como filme *em preto e branco* e, não, *filme a preto e branco; votar em branco* e, não, *votar a branco,* etc.

ELES NÃO ASSISTIRAM O FILME OU AO FILME?

O certo é "Eles não *assistiram ao* filme", "Eu assisti *à* missa", "O filme *a que* eu assisti era nacional"...

Por quê?

Porque o verbo *assistir,* significando "ver", "presenciar", sempre pede objeto indireto, antecedido pela preposição "a".

Sem a preposição, porém, esse mesmo verbo muda de sentido, ou seja, passa a significar "dar assistência".

Exemplos:

O governo deve assistir *o menor* abandonado.

O médico assistiu *o enfermo* e, depois, foi assistir *ao futebol.*

A NÍVEL OU EM NÍVEL?

Tornou-se moda, mesmo entre pessoas de elevado nível social, o uso dessa expressão antecedida pela preposição “a”.

Exemplo:

Vamos discutir o assunto *a* nível de Direção.

Mas o lógico é essa expressão provocar a preposição **em** e, não, a preposição *a.* Para ter certeza, basta colocar o adjetivo “alto” ao lado do substantivo “nível”, e logo sentiremos que a construção pede a preposição *em.* Ninguém diria, por exemplo, “discutir o assunto a alto nível” e, sim, “discutir o assunto em alto nível”.

AUDIOVISUAL (SEM HÍFEN)

Os prefixos ou elementos prefixais que se associam a termos bem modernos surgidos no século XX, em regra, casam com a palavra seguinte, isto é, juntam-se diretamente a essa palavra.

É o caso de *audiovisual, microcomputador, hidrossanitário, radiotáxi, telefrango,* etc.

EM VEZ DE OU AO INVÉS DE?

Em vez de significa *em lugar de.* Supõe uma simples substituição.

Exemplo:

Em vez de sair com a esposa, saiu com a empregada.

Ao invés de é da mesma família de *inverso, contrário.*

Significa *ao contrário de.* Supõe oposição.

Exemplo:
Ao invés de chutar para frente, chutou para trás.

Na indicação de um espaço de tempo, tanto se pode usar **há** como **a**.

Usa-se **há**, quando se trata de um espaço de tempo que já passou.

Exemplo:
Joana saiu há dez minutos.

Nesse caso, inclusive, é possível substituir **há** por **faz**, o que torna visível o caráter verbal da palavra em pauta: Joana saiu faz dez minutos.

Usa-se **a**, quando se trata de um espaço de tempo que ainda não passou.

Exemplo:
Joana voltará daqui a dez minutos.

ASCENDER / ACENDER

"Ascender", com "sc", significa "subir".

"Acender", com "c", significa "pôr fogo", "incendiar".

ADIVINHAR

Não se deve omitir o "i" na palavra "adivinhar".

Ela, por pitoresco que possa parecer, tem esse "i", porque é da mesma família de "divino".

De acordo com a origem do vocábulo, adivinhar é dom divino.

AFIM / A FIM

Escrevemos **afim**, quando queremos dizer "semelhante".

Exemplo:

Temos temperamentos afins.

Temos temperamentos semelhantes.

Escrevemos **a fim**, quando introduzimos uma oração que indica finalidade.

Nesse caso, a expressão se faz seguir pelo vocábulo "de".

Exemplo:

Estamos aqui, a fim de estudar.

Pensemos bem, a fim de que respondamos certo.

HAJA / AJA

Não se pode confundir **haja** (do verbo "haver", significa "exista") com **aja** (do verbo "agir").

Entretanto temos constatado, com regular frequência, esse descuido em redações de alunos de grau médio.

Evidentemente, não se trata de ignorância, mas de hábito ou falta de atenção.

Cabe-nos apenas encarecer que se procure evitar isso, atinando-se com o sentido da palavra, já que um deslize desse tipo causa ao professor ou ao leitor péssima impressão quanto aos conhecimentos ortográficos da pessoa que redigiu.

A diferenciação baseada no sentido não exige mais do que o simples ato de conscientizar-se da acepção em que o termo foi empregado.

Exemplo:

É preciso que ele *aja* (verbo "agir") com atenção, a fim de que não *haja* (verbo "haver", significa "exista") outro descuido.

A TERMINAÇÃO "AJE" É SEMPRE COM "J"!

A terminação "aje", nos substantivos, é sempre com "j".

Exemplos: ultraje, laje, Lajes, traje...

ÂNSIA

Cuidado!
A terminação "ância" é, normalmente, com "c".
Exemplos:

constância	jactância
discordância	mendicância
elegância	reentrância
estância	vigilância

Mas a palavra ÂNSIA é com "S"!

ANTEDILUVIANO / ANTIGREMISTA

"Ante" (com "e") significa "antes" (com "e").
Exemplos:
antediluviano: antes do dilúvio;
anteprojeto: anterior ao projeto, esboço do projeto;
antenupcial: anterior ao casamento;
antepasto: anterior à refeição (aperitivo);
anteontem: dia anterior ao de ontem.
"Anti" (com "i") significa "contra".
Exemplos:
antigremista: contra o Grêmio;
antinupcial: contrário ao casamento;
antidivorcista: contra o divórcio;
antijurídico: contrário ao direito.

ESTÁ A PAR OU ESTÁ AO PAR?

Na linguagem culta, padrão, a ideia de "estar ciente de alguma coisa" traduz-se por **estar a par** e, não, por "estar ao par".

Assim, em vez de dizermos: Estou **ao par** das últimas notícias, ele ficou **ao par** dos acontecimentos, devemos dizer:

Estou **a par** das últimas notícias, ele ficou **a par** dos acontecimentos.

PAU-D'ÁGUA NÃO LEVA APÓSTROFE!

Certo.

"Pau-d'água" não leva APÓSTROFE; leva APÓSTRO**FO**.

"Apóstrofo" é um sinal, em forma de vírgula, que indica a supressão de uma letra.

Exemplos:

Pau-d'água – pau de água
copo-d'água – copo de água
c'roa – coroa (forma poética)

"Apóstrofe" é outra coisa!

É uma atitude que consiste em interpelar alguém diretamente.

Na oratória, houve apóstrofes memoráveis, como a do grande orador latino Cícero que, num vibrante discurso, denunciou Catilina "cara a cara".

APRENDER / APREENDER

Quanto a "aprender" e "apreender", as duas formas são válidas, porém têm sentidos diferentes.

Aprender (com "e" simples) significa "saber", "entender".

Exemplo:

O aluno aprendeu a lição.

Apreender (com "e" duplo) significa "prender", "fixar", "aprisionar".

Exemplo:

O delegado apreendeu o contrabando.

ASTERÍSTICO OU ASTERISCO?

Eis aí uma dúvida fácil de resolver.

Asterisco (sinal gráfico em forma de estrelinha *) é o diminuitivo de "astro".

Ora, assim como se diz, por exemplo, "chuvisco" (diminutivo de chuva, pequena chuva, chuva miúda) e não "chuvístico", também se deve dizer "asterisco" (diminutivo de astro, pequeno astro, estrelinha) e não "asterístico".

ATERRISAR OU ATERRISSAR?

O certo é "aterri**ss**ar", "aterri**ss**agem".

Deriva-se do vocábulo francês *aterrissage.*

ATRÁS! ATRASO! ATRASADO! ATRASADAMENTE! COM "S"!

Existia, em latim, a palavra "trans". Com o tempo, essa palavra perdeu o "n", e surgiu a forma portuguesa "trás". Ainda hoje, se diz, por exemplo, "Não olhe para trás".

Da forma **trás** é que vieram estas outras palavras que tanto empregamos e que não podemos esquecer que são com "s": atrá**s**, atra**s**o, atra**s**ado, atra**s**adamente.

Certa vez, os alunos de determinada turma tentaram ridicularizar o professor que, regularmente, se atrasava quanto ao horário inicial das aulas. Para isso, colocaram próximo à porta da aula, do lado de fora, um cartaz com enormes letras para que todo o colégio ficasse sabendo:

Com imperturbável calma, o professor afixou, logo abaixo, um outro cartaz, com letras igualmente enormes, para que todo o colégio ficasse sabendo:

BIFÊ OU BUFÊ?

A língua francesa forneceu um grande número de palavras à língua portuguesa, muitas das quais já foram aportuguesadas. Assim, a palavra francesa *buffet* foi aportuguesada para **bufê** (com o "u" pronunciado como "u" mesmo). Menos frequentemente também se usa o termo "bufete".

Entre outras palavras, muito comuns em nosso dia a dia, que vieram do francês e que já foram aportuguesadas, podemos citar:

FRANCÊS	PORTUGUÊS
avalanche	avalancha
boîte	boate
baton	batom
bric-à-brac	bricabraque
camionette	camionete ou camioneta
chassis	chassi
chic	chique
cognac	conhaque
corbeille	corbelha (com o "ê" fechado)
crepon	crepom
gabardine	gabardina
guidon	guidom ou guidão
maçon	maçom
marron	marrom
popeline	popelina
vermout	vermute
vitrine	vitrina

BELANAVE OU BELONAVE?

O certo é **belonave**.

Nada tem a ver com "bela", pois não significa "nave bela", e sim "navio de guerra".

Vem do latim *bellum* (guerra) e *navis* (nave).

Da mesma família de "belonave" são as palavras "bélico", "belicoso", "beligerância", todas relativas a "guerra".

BEM-ME-QUER, MALMEQUER

Por absurdo que pareça, aqueles que se querem bem andam separados, e aqueles que não se querem bem andam juntos.

Dizemos isso só para você guardar que **bem-me-quer** é separado, e **malmequer** é junto.

Por que a palavra bem-estar é com hífen?

Porque os compostos em que o termo "bem" vier seguido de vogal devem ser grafados com hífen:

bem-estar
bem-aventurança
bem-afortunado
bem-ouvido
bem-amada

Se não usarmos hífen, o "m" final da palavra "bem" tenderá a emendar-se, na pronúncia, com a vogal inicial da palavra seguinte, surgindo, então, um som desagradável.

Assim, por exemplo, se não separarmos por hífen o termo "bem" do termo "amado", estaremos correndo o risco de pronunciar "mamado".

BENVINDO A TRAMANDAÍ OU BEM-VINDO A TRAMANDAÍ?

Encontramos, com muita frequência, em placas, anúncios e convites, a expressão **bem-vindo** grafada sem hífen.

O certo, porém, é grafá-la com hífen.

Aliás, na grande maioria dos casos, a palavra "bem" provoca hífen.

Exemplos:

bem-vindo	bem-criado
bem-casado	bem-fazer
bem-falante	bem-humorado
bem-nascido	bem-afortunado
bem-querer	bem-posto

Nota:

Quando se trata, entretanto, do nome próprio, aí, sim, é tudo junto: Benvindo.

BIXA OU BICHA?

Os veteranos já tornaram tradicional tachar os calouros da Universidade de "bixo", "bixa", com "x". É uma "gozação", inclusive com a gramática, que aceitamos com simpatia.

Na verdade, existe, em português, a palavra "bixa" (com "x") que é uma árvore caribe da família das bixáceas.

Fora da acepção anterior, todavia, os vocábulos **bicho**, **bicha** são **sempre** com **ch**, independentemente de qualquer "gozação simpática".

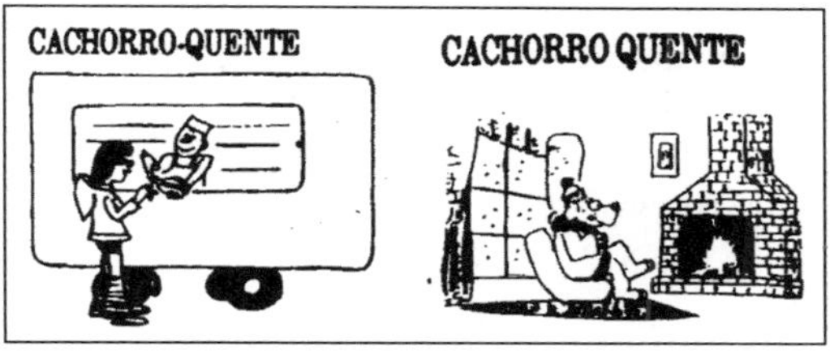

CABELEREIRO OU CABELEIREIRO?

O certo é **cabeleireiro**. Há quem estranhe o uso do sufixo "ei" duas vezes, alegando que o termo primitivo (cabelo) não possui tal sufixo. Acontece que a palavra primitiva, nesse caso, não é o termo "cabelo" e, sim, a palavra "cabeleira".

cabel*eir*(a) + *ei*ro = cabel*eirei*ro.

CINQUENTA OU CINCOENTA?

Há quem pense que se pode escrever "cincoenta" (com "c"), pois se deriva da palavra "cinco".

Mas isso é um engano. A palavra **cinquenta** não se deriva da palavra portuguesa "cinco" e, sim, da palavra latina *quinquaginta* (com "que"). Por isso, só há uma forma de escrever esse vocábulo: cinquenta (com "que").

CHAPÉUS-DE-COBRA OU CHAPÉUS-DE-COBRAS?

Nos compostos em que existe a preposição "de", essa preposição impede que o "s" passe através dela. Ou seja, devemos pluralizar até o "de"; a partir daí, fica tudo no singular.

Exemplos:

o chapéu-de-cobra / **os chapéus-de-cobra** / o pé de moleque / os pés de moleque / o bicho-do-pé / os bichos-do-pé

COXA / COCHA

Coxa (com "x") é a parte da perna que vai das virilhas até os joelhos.

Exemplo:

Susana tem bonitas coxas.

Cocha (com "ch") é uma vasilha de madeira, chamada geralmente de gamela.

Exemplo:

Susana colocou as coxas (de galinha) na cocha.

UM CARANGUEJO NA BANDEJA

Há casos em que a palavra possui um **i** medial que geralmente omitimos na língua falada.

É o caso, por exemplo, de "am*ei*xa". Há outras, porém, que não possuem esse "i", e nós, muitas vezes, por excesso de cautela, acrescentamos-lhes tal letra. É preciso especial atenção para os vocábulos **bandeja** e **caranguejo** que não possuem "i" medial de jeito nenhum.

Nota:

Também a palavra "prazerosamente" aparece por aí, de vez em quando, com um "i" medial (prazeirosamente). Mas está errada. A palavra deriva-se de "prazer". Não possui "i" medial, pois ninguém diz "prazeir" mas, sim, prazer: prazer+osa+mente = prazerosamente.

COM "C" OU "Ç"?

Nos nomes de origem tupi-guarani ou africana, o som **cê** deve ser representado por **c** ou **ç** e, não, por "ss".

Exemplos:

Moçoró
Muçum
Iguaçu
Paraguaçu
Criciúma

CANSAR, MAS ALCANÇAR!

Embora haja muita analogia de pronúncia, trata-se de duas palavras de família diferente, pois o sentido de uma nada tem a ver com o sentido da outra.

Daí por que não se deve fazer analogia gráfica: **cansar**, "can*s*ado", "can*s*ável" são com "s", mas **alcançar**, "alcançado", "alcan*ç*ável" são com "ç".

CARDEAL OU CARDIAL?

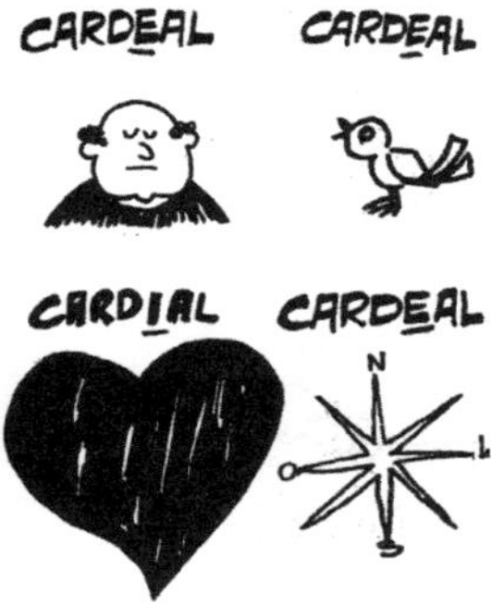

O termo que designa o religioso, o prelado, escreve-se com “e”: **cardeal**.

Também o designativo de um conhecido pássaro é, igualmente, grafado com “e”: **cardeal**.

Usa-se, ainda, a letra “e” na designação comum às direções da rosa dos ventos que apontam para o norte, o sul, o leste e o oeste: **ponto cardeal**, **pontos cardeais**.

O único caso em que se usa a letra “i” é no adjetivo **cardial**, relativo à **cárdia**, abertura superior do estômago, situada perto do coração.

Aliás, na mesma família, inclui-se outra palavra bem mais conhecida e que, obviamente, é também grafada com “i”: **cardíaco**.

CHIMPANZÉ

Alguns nomes relativos a animais sofrem constantes deformações na linguagem popular.

Exemplos:

ERRADO	CERTO
chipanzé	chimpanzé
carangueijo	caranguejo
camondongo	camundongo
cobreiro	cobrelo

CATACLISMA OU CATACLISMO?

"Cataclisma" é uma forma popular.

Ao nos comunicarmos usando a língua culta, devemos dizer **cataclismo** (com "o"): deriva-se da palavra grega *cataclismós* que significa "inundação", "dilúvio".

QUATORZE OU CATORZE?

As duas formas estão corretas, sendo a primeira a preferida no Brasil.

Também se admitem as formas "cota" e "quota", "cociente" e "quociente".

SESSÃO! SEÇÃO! CESSÃO!

Sessão supõe uma reunião de pessoas: sessão de cinema, sessão espírita, sessão da assembleia...

Seção (ou "secção") supõe uma divisão, uma repartição: seção de vendas, seção de crédito, seção pessoal...

Cessão é o ato de ceder alguma coisa: cessão de direitos (cedência de direitos).

CHUCHU BELEZA

Chuchu é com **ch**. Temos encontrado por aí, com muita frequência, "chuchu" com "x" e não o sugerimos para a salada de ninguém, pois comer chuchu errado pode dar indigestão.

Há, mesmo, quem, não contente de escrever chuchu com dois "x", ainda use acento no "u" final.

Nesse caso, cometem-se três erros numa palavra que tem apenas duas sílabas.

COLABORAR / CORROBORAR

Colaborar significa "ajudar", "cooperar".

Exemplo:

Da colaboração (= cooperação) de todos depende o sucesso do conjunto.

Corroboração significa "confirmação".

Exemplo:

A corroboração (= confirmação) das novas normas depende de uma análise profunda por parte de todos.

COALIZÃO / COLISÃO

Coalizão significa "união", "aliança", "acordo".

Exemplo:

Houve coalizão entre dois partidos políticos, visando-se a uma conclusão a favor da paz.

Colisão significa "choque", "conflito", "luta".

Exemplo:

Apesar da forte colisão entre os dois veículos, não houve mortes.

CUMPRIMENTO / COMPRIMENTO

CONSERTO / CONCERTO

Conserto (com **s**) significa "reparo": conserto de sapato, conserto do carro, conserto da torneira, etc.

Concerto (com **c**) significa "sessão musical", "consonância de sons ou vozes".

COSER / COZER

Cozer (com **z**) significa "cozinhar".

Coser (com **s**) significa "costurar".

DANÇA (COM "Ç")

A terminação **ança** é normalmente com **ç**.

Exemplos:

alcança, esperança, aliança, herança, dança, vingança, avança, lança, mudança, trança, bonança, lembrança.

Mas há exceções: "mansa" e "cansa", por exemplo, são com "s".

DEGLADIAR OU DIGLADIAR?

Digladiar, combater com gládio e, por extensão, simplesmente combater, discutir, é com **i**. Vem do verbo latino *digladiari*.

DENGOSA (COM "S")

As terminações **oso**, **osa** são com **s**.

Exemplos:

gasosa, glosa, prosa, nervoso, grandioso, saudoso, raposa, rendoso, dengosa...

Exceção:

"Gozo" (substantivo e verbo) e "goza" (verbo "gozar").

DEPRESSA!!!

Junto ou separado? Tudo junto! É tão depressa que não dá tempo de separar.

NÃO PAGO! ESTÁ ERRADA!

Temos encontrado, com frequência, em contas e recibos, a palavra **despesa** grafada com “z”.

A forma correta, porém, é com **s**: vem do latim *dispensa*.

BI-CAMPEÃO OU BICAMPEÃO?

Os prefixos *uni, bi, tri* e *multi*, em geral, não provocam hífen.

Exemplos: unilateral, bicampeão, triângulo, multinacionais.

Colocar hífen numa palavra dessas seria como escrever triângulo com hífen, coisa absurda!

Nota:

Os outros numerais, em tal circunstância, grafam-se também sem hífen.

Assim, por exemplo, se o seu time for campeão dez vezes consecutivamente, assumirá as seguintes denominações:

1. campeão
2. bicampeão
3. tricampeão
4. tetracampeão
5. pentacampeão
6. hexacampeão (pronuncia-se he*cs*acampeão)
7. heptacampeão
8. octacampeão
9. eneacampeão
10. decacampeão

DESINTERIA OU DISENTERIA?

O certo é **disenteria**.

Vem do grego *dis* (= dificuldade) + *énteron* (= intestino).

Exemplo:

Gaudêncio estava com *disenteria,* quando se escondeu atrás da árvore na Praça da Alfândega.

Seguem-se mais algumas palavras cuja grafia possa gerar dúvida:

1. abor**í**g**i**ne
2. bule
3. benefi**cen**te
4. cand**e**eiro
5. cas**i**mira
6. cum**e**eira
7. de**pre**dar (quebrar, destruir)
8. d**es**treza
9. d**es**crição (ato de descrever)
10. d**is**crição (ato de ser discreto, reservado)
11. distinguir ("u" mudo)
12. extinguir ("u" mudo)
13. exequível (que dá para pôr em prática; executável)

14. **fr**ustração, **fr**ustrar
15. mante**i**gueira
16. supe**rs**tição
17. ae**ro**porto
18. b**u**eiro
19. cam**un**dongo
20. **co**gote
21. dezesseis
22. despender (causar despesa, gastar)
23. dirimir (esclarecer)
24. entreter (distrair, divertir)
25. entretenimento (distração)

DAMOS OU DEMOS?

Existem as duas formas, mas se empregam em situações distintas.

Demos refere-se a um fato passado.

Exemplo:

Ontem, demos essa lição a vocês.

Damos refere-se a um fato que está acontecendo no presente ou a partir do presente.

Exemplo:

Agora, damos algumas perguntas sobre aquela lição.

EXISTE D*ES*TINTO?

Existe.

Significa "sem tinta", "sem cor", "que se destingiu".

Não se deve, entretanto, confundir com "distinto" (com "i") que significa "diferente", "inconfundível", "ilustre" e é da mesma família de "distinção" e "distinguir".

DIGNATÁRIO OU DIGNITÁRIO?

Por associação com "dignar", há quem use a forma "dignatário".

O correto, entretanto, é **dignitário**.

Trata-se de uma palavra da mesma família de "dignidade", "dignificar"...

DISTRATAR / DESTRATAR

Distratar é não cumprir o trato, desfazer o que foi tratado.

Destratar é insultar, ofender, maltratar.

LEDA VÊ, CRÊ.

Pela ortografia vigente, apenas quatro verbos **dobram** a vogal "e" na terceira pessoa do plural: **ler**, **dar**, **ver** e **crer** (Leda vê, crê).

Obviamente, essa mesma norma se aplica aos derivados dos verbos **ler**, **dar**, **ver** e **crer**:

ele lê	eles leem
que ele dê	que eles deem
ele vê	eles veem
ele crê	eles creem
ele relê	eles releem
ele antevê	eles anteveem
ele descrê	eles descreem

DUPLO!

Há verbos que apresentam "e" duplo em todas as pessoas de todos os tempos e modos.

Levando em conta o português básico, devemos ter especial cuidado quanto aos seguintes:

compr*ee*nder
empr*ee*nder
surpr*ee*nder

ELETR<u>E</u>CISTA OU ELETR<u>I</u>CISTA?

O certo é **eletricista**.

É da mesma família de "elétrico", com "i".

Igualmente com "i" são as palavras "eletricidade", "eletricismo", "eletrificação", "eletrificar", "eletrificável", etc.

ESPIAR / EXPIAR

Espiar (com "s") significa ver ou observar secretamente.

Exemplo:

Fernando espiou o decote de Aurora.

Expiar (com "x") significa sofrer, padecer, pagar erros anteriormente cometidos.

Exemplo:

Cometi um erro e devo expiá-lo.

EMINENTE / IMINENTE

Eminente significa "elevado", "nobre", "sublime".

Exemplo:

O eminente líder apresentou suas teses. (= O nobre, o elevado líder apresentou suas teses.)

Iminente significa "próximo", "imediato".

Exemplo:

Perigo iminente! (= Perigo próximo!)

EMPECILHO

Muitas pessoas dizem ou escrevem "impecilho", certamente por associarem essa palavra ao verbo "impedir".

O correto, entretanto, é **empecilho**: é da mesma família de "empecer" (estorvar, embaraçar).

ENXERGAR (COM "X")

O normal, em português, é usar "x" depois de "en":

enxergar	enxame
enxerto	enxada
enxugar	enxoval
enxaqueca	enxaguar
enxurrada	enxovalhar

As exceções, no vocabulário usual, são muito poucas: encher (enchente, enchedor), encharcar, enchiqueirar...

ERVA (SEM "H") MAS HERBÁCEO (COM "H")

Relativamente à palavra "erva" e suas derivadas, é facílimo saber quando é que se usa "h" e quando é que não se usa.

Devemos evitar o **h** nas formas em que aparecer a letra **v**.

Exemplos:

erva, ervaçal (terra onde há muita erva), ervagem (conjunto de ervas), ervatário (colhedor de ervas), etc.

Devemos usar **h** nas formas em que aparece a letra **b**.

Exemplos:

herbáceo (relativo a erva), herbiforme (que tem aparência de erva), herbífero (que produz erva), etc.

E A LOCALIDADE?

O nome próprio "Erval" deve ser grafado sem "h", em sintonia com a norma que enfatizamos no item anterior.

Também sem "h" é o habitante de Erval: ervalense.

ÊS, ESA (COM "S") OU EZ, EZA (COM "Z")?

As palavras terminadas pelos sons acima mencionados escrevem-se com **s**, quando se derivam de um substantivo.

Exemplos:

campo, príncipe, montanha, barão, França, corte; camponês, princesa, montanhês, baronesa, francês, cortês.

Escrevem-se com **z**, quando se derivam de um adjetivo.

Exemplos:

rápido, rapidez; belo, beleza; estúpido, estupidez; triste, tristeza; pálido, palidez; grande, grandeza.

Veja que é fácil memorizar essa norma. Podemos fazer a seguinte associação para fixá-la na memória:

"Substantivo" começa por "s"...

Pois bem, quando essas palavras se derivam de "substantivo", serão grafadas com "s".

ESTADIA / ESTADA

"Estadia" é para navio.

Para pessoa, deve-se dizer "estada".

Embora o uso já tenha imposto "estadia" como sinônimo de "estada", existe diferença entre os dois vocábulos.

Estadia é o tempo de permanência de um navio no porto; ou melhor, é o prazo que se concede para a carga e a descarga da embarcação ancorada.

Estada é a permanência de uma pessoa em determinado lugar.

Exemplo: Durante minha estada em São Paulo, aprendi muito.

É bastante frequente ouvirmos a expressão "Fulano teve viagem e estadia pagas".

De acordo com posições gramaticais rígidas, todavia, devemos dizer "Fulano teve viagem e estada pagas".

OVOS ESTALADOS

Dentro da língua culta, padrão, "ovos estalados" seriam "ovos que dão estalos".

Quando nos referimos ao ato de frigir ovos, sem os mexer, o verbo a ser empregado é "estrelar".

Diga-se, portanto: **ovos estrelados**.

Nota:

"Estrelar" também significa "encher de estrelas" e "trabalhar (em filme) como estrela ou astro".

ESPECTADOR / EXPECTADOR

Espectador (com **s**) é aquele que assiste a um espetáculo.

Para não nos enganarmos, podemos associar o "s" de "espectador" ao "s" de "espetáculo".

Expectador (com **x**) é aquele que está na expectativa de alguma coisa; é aquele que alimenta a esperança ou a probabilidade de conseguir algo.

Cuidado!
Estas palavras são com "s" (e não com "x"): esplêndido, estranho, esgotar.

ESPONTÂNEO (COM "S")

Com relativa frequência, encontramos a palavra "espontâneo" grafada com "x". O correto, entretanto, é grafá-la com **s**, pois vem da forma latina *spontaneus*.

São também com "s", por conseguinte, os vocábulos "espontaneidade" e "espontaneamente".

ESTRAMBÓLICO OU ESTRAMBÓTICO?

Na língua culta, deve-se dizer **estrambótico** (esquisito, extravagante, ridículo).

Deriva-se de *estramboto* ou *estrambote*, verso que os poetas italianos acrescentavam ao soneto, deixando-o, consequentemente, esquisito, pois passava a ter mais de quatorze versos.

ESTRIPOLIA OU ESTRIPULIA?

O certo é **estripulia**, com **u**. Esse vocábulo é um brasileirismo que significa "bulha", "travessura", "desordem", "confusão".

EXCESSO (COM "SS") E EXCEÇÃO (COM "Ç")

Como a palavra "excesso" é grafada com "ss", alguns alunos deduzem que "exceção" também deva ser grafada com "ss".

A dedução seria válida se as duas palavras fossem da mesma família.

Mas não são.

Uma, até certo ponto, tem sentido contrário à outra!

Excesso lembra algo abundante, e **exceção** sugere algo que acontece escassamente.

Portanto, apesar da aparente analogia, devemos grafar "**exceção**" com "ç".

Não será muito difícil memorizar isso se associarmos **exceção** com "excepcional", palavra que certamente todos nós, sem hesitar, escrevemos com "c".

EXTERNO, ESTERNO E HESTERNO

Externo é o que está fora ou vem de fora; exterior. **Esterno** é o osso dianteiro do peito. **Hesterno** é um adjetivo que se refere ao que passou, ao dia de ontem.

FRAGRANTE / FLAGRANTE

Fragrante significa "perfumado", "aromático".

Flagrante, porém, é o ato em cuja prática o indivíduo é surpreendido.

GARAGE / GARAGEM

Garage é palavra francesa. Já foi aportuguesada para **garagem**, entrando na mesma linha de "homenagem", "viagem", "paisagem" e tantas outras palavras cujo final é caracteristicamente "agem" e não "age".

GÁS (COM "S")

A palavra **gás** se escreve com **s**, porque veio de "caos" (com "s").

O vocábulo foi inventado pelo médico belga J. B. van Helmont (falecido em 1644) que o associou com a palavra "caos" (desordem, confusão de elementos antes de adquirirem forma).

São também com "s", obviamente, todas as palavras da mesma família de "gás": gasosa, gasoso, gasolina, gasômetro, etc.

GIRA SOL, GIRA-SOL OU GIRASSOL?

Ao reunirmos duas palavras cuja primeira não seja prefixo e termine por vogal, caso a segunda inicie por "s", a norma é dobrar o "s" e não usar hífen.

Exemplos:

gira + sol = **girassol**

foto + síntese = fotossíntese

madre + silva = madressilva

GRANFINA, GRÃ FINA OU GRÃ-FINA?

O adjetivo **grã** (forma reduzida de "grande") é com til e *sempre* provoca hífen.

Exemplo:

grã-fina, grã-cruz, etc.

AGÁ NO MEIO... SÓ NA BAHIA.

Não existe "h" medial em Português. A única exceção é a palavra "Bahia" (dos baianos). Assim, embora se escrevam:

honesto, humano, hidratar,

devem-se escrever:

desonesto, desumano, desidratar.

HILARIDADE OU HILARIEDADE?

Talvez por associação com palavras do tipo de "ansiedade", há quem diga "hilariedade".

A forma correta, entretanto, é **hilaridade**.

HISTÓRIA / ESTÓRIA / HISTÓRIA

História (com "H" maiúsculo) é a ciência.

Exemplo: História do Brasil.

Estória ou **história** (com "h" minúsculo) é uma narração, um conto, uma exposição romanceada.

Há quem pense que o termo "estória" proposto, segundo Hamilton Elia, por João Ribeiro e divulgado entre os folcloristas, tenha substituído o termo "história", com minúscula.

Na verdade, porém, os dois vocábulos coexistem.

NESSE INTERIM OU NESSE ÍNTERIM?

Na língua portuguesa, a sílaba forte das palavras terminadas por "im" é, normalmente, a última.

Exemplos:

capim, jasmim, Serafim, quindim, etc.

Mas "**ín**terim" constitui exceção.

A sílaba que deve ser pronunciada com maior impulso é, nesse caso, a antepenúltima.

JÚNIORS OU JUNIORES?

O certo, para os países que usam a **língua portuguesa**, é "**jú**nior" (no singular) e "juni**o**res" (no plural). O deslocamento da sílaba tônica é fato normal, acontecendo também na palavra "caráter": car**á**ter (no singular) e carac**te**res (no plural).

IMIGRANTE / EMIGRANTE

Imigrante é o que entra em um país, vindo de outro.

Encerra o prefixo "in" que significa "para dentro".

Emigrante é o que sai de um país para outro.

Encerra o prefixo "ex", reduzido à forma "e", que significa "para fora".

INSIPIENTE / INCIPIENTE

InSipiente, com "s", significa "não Sabedor", "ignorante". **InCipiente**, com "c", significa "iniCiante".

Exemplo:

Naquela região, só os *insipientes* não sabiam que o governo daria incentivos fiscais às indústrias *incipientes.* (= naquela região, só os *ignorantes* não sabiam que o governo daria incentivos fiscais às indústrias *iniciantes).*

INTIMORATO / INTEMERATO

Intimorato vem da forma latina *timorem* (temor) e significa "sem temor", "destemido", "corajoso".

Intemerato vem da forma latina *temeratus* (sem mancha) e significa "puro", "íntegro", "incorrupto".

INTER É SEMPRE SEM HÍFEN. OU MELHOR, QUASE SEMPRE....

O prefixo "inter" se anexa diretamente à palavra que o segue: internacional, intermuscular, intermaxilar, intercolegial, interurbano, interlinear, interdependência, interamericano, interacadêmico.

Mas, se a palavra seguinte começar por *h* ou *r*, haverá hífen.

Exemplos:

inter-humano e inter-racial

IRRASCÍVEL OU IRASCÍVEL?

O certo é **irascível**. Trata-se de uma palavra da mesma família de "ira"; portanto, nada justifica o uso dos dois erres.

A TERMINAÇÃO "IZAR" É SEMPRE COM "Z".

Exemplos:
industrial + izar = industrializar;
atual + izar = atualizar;
mecân(ico) + izar = mecanizar;
escrav(o) + izar = escravizar;
fiscal + izar = fiscalizar.

Mas, quando a palavra primitiva traz "is" na parte final, então, em vez de lhe acrescentarmos a terminação "izar", acrescentamos-lhe apenas a terminação "ar".

Exemplos:
anális(e) + ar = analisar;
fris(o) + ar = frisar;
paralis(ia) + ar = paralisar;
precis(o) + ar = precisar;
pesquis(a) + ar = pesquisar;
avis(o) + ar = avisar.

Não existem, portanto, as terminações "izar" (com "z") e "isar" (com "s"). Existem, isto sim, a terminação "ar" (que acrescentamos às palavras que já trazem "is" na parte final) e a terminação "izar" (que acrescentamos às palavras que não trazem "is" na parte final).

Nota:

Essa orientação também se aplica, é óbvio, aos derivados das palavras propostas anteriormente. Assim, por exemplo, o fato de "fiscalizar" ser com "z" faz com que todos os seus derivados também o sejam: *fiscalizado, fiscalização, fiscalizador,* etc. Da mesma forma, o fato de, por exemplo, "analisar" ser com "s" faz com que todos os seus derivados também o sejam: *analisado, analisador,* etc.

GARÇON! GARÇOM! GARÇÃO!

O certo é **garçom** (com **m**). Trata-se de uma palavra derivada do francês.

Também se aceita a forma "garção", mas não a forma "garçon" (com **n**), porque a terminação "on" do francês deve ser aportuguesada com **m**.

NÃO EXISTE JANTA.

Não existe na língua-padrão. O substantivo feminino "a janta" é uma forma popular.

Na linguagem culta, devemos dizer **o jantar**.

JEITO (COM "J")

Jeito é com jota. E, consequentemente, todos os seus derivados também o são:

sujeitar,
enjeitar,
rejeitar,
ajeitar,
etc.

FEZ JUS (COM "S") AO PRÊMIO.

O vocábulo "jus" é, praticamente, uma forma reduzida de "justiça". Por isso, é com "s".

Nota:

Tal palavra só se emprega na expressão "fazer jus a" que significa "merecer por justiça", "ter direito a".

LISONJEIRO (COM "J")

Antes de "e" e de "i", tanto "j" como "g" têm o mesmo som; daí por que é, às vezes, difícil saber quando se emprega uma letra ou a outra.

Entretanto esse problema deixa de existir nos casos em que é possível associar com a palavra primitiva.

Assim, o simples fato de "lisonja" ser com jota (e não poderia ser com "g", porque, então, teríamos "lisonga") dá-nos a tranquila convicção de que "lisonjeiro" também é com jota.

Outros exemplos:

rijo – enrijecer
anjo – anjinho
manjar – manjedoura
laranja – laranjeira

MAJESTADE (COM "J")

Em concurso de habilitação à carreira bancária, houve uma frase para corrigir em que o redator se referia a um rei utilizando a expressão "Vossa Alteza".

A "turma" toda logo trocou "Vossa Alteza" por "Vossa Majestade", mas grafou, em geral, "majestade" com "g".

Em face disso, a frase, apesar de modificada, permaneceu com erro, pois "majestade" é com "j".

E, obviamente, também são com "j" todos os seus derivados: majestoso, majestático, majestosamente.

MAIZENA OU MAISENA?

Com **s**. Vem de **maís** (variedade de milho). Portanto aquela caixa de maisena que a gente compra por aí foi registrada em desacordo com a gramática.

O MUSSE OU A MUSSE?

A musse. É uma iguaria de consistência leve e cremosa. Sendo assim, tão delicada, só poderia ser feminina.

A MORAL OU O MORAL?

Existem as duas formas, mas com sentido diferente:

A moral

A moral é o conjunto das normas de conduta, os princípios que regem os bons costumes, ou melhor, os costumes convencionados como válidos.

Exemplo: Devemos respeitar a moral.

A moral é, também, a conclusão que se tira como norma a propósito de um fato ou de uma obra.

Exemplo: Qual é a moral da história?

O moral

O moral é o ânimo, o entusiasmo, o respeito por si próprio, a confiança em si mesmo, o brio pessoal.

Exemplo: Levantar o moral da turma. (= Despertar o entusiasmo, o brio da turma.)

A moral

O moral

QUAL A DIFERENÇA ENTRE MAL-EDUCADO E MALCRIADO?

"Mal-educado" leva hífen; "malcriado" não o leva.

O prefixo "mal" só provoca hífen antes de palavras iniciadas por "vogal", "l" ou "h".

Exemplos:

mal-educado	mal-humorado
malcriado	malnascido
mal-estar	malquerer
mal-intencionado	
mal-limpo	

MAIÚSCULA OU MINÚSCULA?

Encontramos, com muita frequência, os vocábulos "Medicina", "Engenharia", "Direito", "Arquitetura", "Matemática" e outros grafados ora com maiúscula, ora com minúscula.

O Acordo Ortográfico de 2008 determinou a opcionalidade no emprego de iniciais maiúsculas ou minúsculas para nomes que designam domínios do saber, cursos e disciplinas: Medicina ou medicina, Língua Portuguesa ou língua portuguesa.

MANICURE OU MANICURA?

A palavra portuguesa é "manicur**a**", pois a norma é formar o feminino com "a" e não com "e".

O termo *manicure* (com "e") é francês.

MAU / MAL

Mau é um **adjetivo** (o contrário de "bom") e, como tal, deve ser empregado junto com um substantivo.

Exemplos:

mau *comportamento*
mau *caráter*
mau *aluno*

Mal é **advérbio** (de modo; contrário de "bem") e, como tal, deve ser empregado junto com verbo (ou adjetivo).

Exemplos:

mal-*estar*
mal-*educado*
mal-*orientado*

MEXERICO (COM "X")

É norma que, após a sílaba inicial "me", se use "x" e não "ch".

Exemplos:

mexilhão	mexer
mexido	mexerico
mexinflório	mexicano

Constituem, todavia, exceção à norma anterior as palavras "mecha" (substantivo), "mechar" e "mechoação" (planta purgativa).

MISTO (COM "S") OU MIXTO (COM "X")?

Misto é com **s**. Para ter certeza, basta associar com "mistura", palavra da mesma família de "misto" e que ninguém hesita em escrever com "s".

OMELETE: MASCULINO OU FEMININO?

Omelete é feminino, bem feminino. Tanto que, em Portugal, até se diz "omeleta". Para guardarmos, basta fazer esta associação didática: omelete significa "fritada de ovos". Assim como dizemos *a fritada* (feminino) também diremos *a omelete* (feminino).

NORTE / SUL / LESTE / OESTE

Norte, sul, leste, oeste, oriente, ocidente serão grafados com inicial maiúscula, quando designarem regiões. Nesse caso, normalmente, vêm antecedidos de artigo.

Exemplos:

O Oriente e o Ocidente não podem entrar em guerra.

Os povos do Norte negociarão com os povos do Sul.

O Oeste americano está ligado a um mundo de aventuras.

Tais palavras, porém, serão grafadas com inicial minúscula, quando simplesmente indicarem direção.

Exemplo:

Ele percorreu o país de norte a sul.

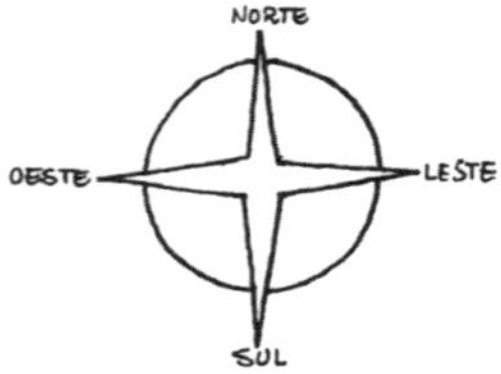

ÓB<u>U</u>LO OU ÓB<u>O</u>LO?

O certo é "óbolo", com **o**. Vem de *obolós*, pequena e insignificante moeda grega (e também francesa) que, com o tempo, passou a significar "esmola".

ÓPTICA OU ÓTICA?

A palavra "ótico", "ótica" tanto pode referir-se aos fenômenos da **luz** e da visão, como dizer respeito ao **ouvido**. No primeiro caso, é facultativo grafar-se "ótico", "ótica" (sem "p") ou "óptico", "óptica" (com "p"). No segundo caso, ou seja, **quando se refere ao ouvido**, é de rigor grafar sem "p": ótico, ótica. Aliás, ligadas a essa segunda acepção, existem muitas outras palavras, sempre sem "p":

otite: inflamação do ouvido;

otiatria: tratamento das doenças do ouvido;

otídeos: moluscos que têm forma de orelha;
oticodinia: dor de ouvido.

OVELHA NEGRA

É norma a palavra derivada conservar a mesma particularidade gráfica da palavra primitiva: **pesquisa** (com "s"), **pesquisar** (com "s"); **juízo** (com "z"), **ajuizado** (com "z"); **alcançar** (com "ç"), **alcançado** (com "ç"), etc.

Infelizmente, porém, existe uma palavra no português cotidiano que trai essa regra como se fosse a ovelha negra de um rebanho bem-comportado.

Referimo-nos à palavra **estender**, que é com **s**, embora as palavras "extensão" e "extensivo" sejam com "x".

PARAQUEDAS

"Para", quando se constitui no primeiro elemento de um composto no qual implica ideia de anteparo, proteção, resguardo, provoca hífen.

Exemplos:
para-brisa
para-lama
para-raios

Exceções:
paraquedas
paraquedista
paraquedismo

PEQUENEZ / PEQUINÊS

É sabido (e foi mencionado nesta obra) que o som "ês" é representado por "z", quando a palavra se deriva de um adjetivo.

Exemplo:
pálido, palidez.

E é representado por "s", quando a palavra se deriva de um substantivo.

Exemplo:
montanha, montanhês.

No caso das palavras em pauta, a explicação é a seguinte:

Pequenez é com **z**, porque vem do adjetivo "pequeno";

Pequinês é com **s**, porque vem do substantivo "Pequim".

Aliás, aplica-se esse vocábulo a um cãozinho e ao habitante da cidade de Pequim.

PÕE OU PÕEM?

É muito comum, em redações escolares, o aluno ter dúvida sobre a grafia das palavras **põe** e **põem**.

Essa dúvida é, porém, facilmente superável.

Usa-se "põe" (sem "m"), quando o sujeito está no singular.

Exemplos:

O cozinheiro põe muita pimenta na sopa.

Ela não põe as coisas em ordem.

Usa-se "põem" (com "m"), quando o sujeito está no plural.

Exemplos:

Os cozinheiros põem muita pimenta na sopa.

Elas não põem as coisas em ordem.

Nota:

A advertência anterior vale, obviamente, para todos os derivados do verbo "pôr".

Assim, usar-se-ão "depõe", "compõe", "repõe", "impõe", "supõe", etc., quando o sujeito estiver no singular; usar-se-ão, todavia, "depõem", "compõem", "repõem", "impõem", "supõem", etc., quando o sujeito estiver no plural.

QUANDO É QUE SE ESCREVE "POR ISSO" JUNTO?

Nunca.

A expressão "por isso" sempre deve ser grafada em duas palavras: **por isso**.

Aliás, o mesmo acontece com "por isto" que tem, praticamente, o mesmo sentido, e ninguém hesita em escrever separado.

MINUTO É COM PONTINHO?

É com pontinho no "i". Mas, no final, não leva nada.

Convencionou-se que os símbolos científicos não podem terminar por ponto.

E, não levando ponto, também não recebem indicação de plural mediante a letra "s".

Exemplos:

minuto ou minutos – min
quilograma ou quilogramas – kg
quilômetro ou quilômetros – km
hora ou horas – h
8 horas e 15 minutos – 8h15min

Nota:

Aquela abreviatura 8:15 que se vê nos relógios de rua está totalmente errada, pelo menos sob o enfoque gramatical.

POR QUE / POR QUÊ / PORQUÊ / PORQUE

Grafa-se **por que** (separado e sem "chapéu") em dois casos:

a) Nas frases interrogativas (não no fim).

Exemplos:

Por que saíste agora?

E nós, por que ficamos?

b) Quando for substituível por "pelo qual", "pela qual", "pelos quais", "pelas quais".

Exemplo:

As dificuldades por que passei foram muitas.

(As dificuldades pelas quais passei foram muitas.)

Grafa-se **por quê** (separado e com "chapéu"), quando essa expressão "bater contra" um ponto-final.

Exemplos:

Saíste agora por quê? Ninguém sabe por quê.

Grafa-se **porquê** (junto e com "chapéu"), quando essa palavra estiver substantivada (antecedida de artigo).

Exemplos:

O porquê da questão não foi esclarecido.

Um porquê pode ser grafado de quatro modos.

Grafa-se **porque** (junto e sem "chapéu") nos demais casos.

Exemplo:

Não fui à aula, porque estava doente.

Nota:

Após os vocábulos "eis" e "daí", subentende-se a palavra "motivo", o que justifica a grafia da palavra separadamente.

Exemplos:

Daí por que não aceitei as reclamações.

(Daí o motivo pelo qual não aceitei as reclamações.)

Eis por que sou muito feliz.

(Eis o motivo pelo qual sou muito feliz.)

POSSUE OU POSSUI?

Os verbos terminados por "uir" (possuir, concluir, excluir, substituir, constituir, etc.) devem ser grafados com "i" na segunda e terceira pessoas do singular do presente do indicativo: possuis, **possui**; excluis, exclui; concluis, conclui; substituis, substitui; incluis, inclui; constituis, constitui.

Exceção:

Apenas os verbos em que o "u" é "mudo" fazem exceção a essa norma, escrevendo-se com "e" na segunda e terceira pessoas do singular do presente do indicativo: segues, segue; consegues, consegue; persegues, persegue.

PREESTABELECIDO

Os prefixos "pre", "pro" e "pos" podem ser abertos (e, nesse caso, levam acento gráfico e hífen) ou fechados (e, nesse caso, não levam acento gráfico nem hífen).

Exemplos:

pré-vestibular

previsão

pró-caridade

procônsul
pós-meridiano
pospor

"Preestabelecido" resulta da união do prefixo "pre" (fechado) com a palavra "estabelecido": portanto, é junto e sem acento, sendo erradas as grafias pré-estabelecido ou pre-estabelecido.

PREITO

"Preito" (com "r") significa "**r**everência" (com "r"), "homenagem".

Exemplo:

Receba, amigo Roberto, o nosso *preito* de gratidão. (= Receba, amigo Roberto, a nossa *homenagem* de gratidão).

PLEITO

"P*l*eito" (com "l") significa "concorrência", "disputa", "discussão".

PRETENSIOSO!

Notou bem? Pretensioso é com "s"!

Encontramos, por aí, com muita frequência, quem escreva "pretenção" e "pretencioso" com "c", quando o certo é com "s", e até existe UMA REGRA para evitar qualquer dúvida nesse sentido.

A regra é a seguinte:

Quando o verbo apresentar **nd**, o substantivo será com **ns**.

Exemplos:

prete**nd**er
prete**ns**ão, prete**ns**ioso

compree**nd**er
compree**ns**ão, compree**ns**ivo

repree**nd**er
repree**ns**ão, repree**ns**ível

apree**nd**er
apree**ns**ão, apree**ns**ivo

prope**nd**er
prope**ns**ão, prope**ns**o

asce**nd**er
asce**ns**ão, asce**ns**ional

Nota:

A palavra "atenção" é com "ç", pois não se deriva de "atender", e sim de "atentar".

PREVALECIDO

É comum ouvirmos, nas classes populares, a pronúncia "provalecido" relativamente à pessoa que abusa de sua força. O correto, porém, é "pr**e**valecido"; deriva-se de "pr**e**valecer".

PREVINIDO OU PREVENIDO?

O certo é "prev**e**nido". "Prev**e**nir", "prev**e**nido", "desprev**e**nido" são com "e", pois se derivam do verbo latino *venire*.

PRIVILÉGIO

Encontramos, às vezes, quem diga (ou até escreva) "previlégio". Mas o certo é "pr**i**vilégio".

Trata-se de uma palavra da mesma família de "pr**i**var", "pr**i**vativo"...

PROVENIENTE OU PROVINIENTE?

Por associação com o verbo "vir", há quem diga (ou escreva) "prov**i**niente". O certo, entretanto, é "prov**e**niente": deriva-se do verbo latino *venire*.

NÃO PUDE!

Os verbos "saber", "trazer" e "caber" apresentam o ditongo **ou** na primeira pessoa do singular do pretérito perfeito do indicativo. Certas pessoas, entretanto, colocam esse ditongo também no verbo "poder", cuja primeira pessoa do pretérito perfeito do indicativo é, na verdade, "pude" (e não "poude"): EU S**OU**BE... EU TR**OU**XE... EU C**OU**BE... EU P**U**DE.

QUARADOR OU CORADOURO?

Em rigor, devemos dizer **coradouro**, pois é o lugar onde se colocam as roupas para "corar", "reforçar a cor".

Mas o vocábulo "quarador" já se consagrou, e é inútil negar-lhe a existência, embora, na língua culta, se prefira a forma "coradouro".

QUASE (COM "E")

Pela ortografia vigente, devem ser grafados com "e" (e não com "i") os vocábulos:

SE (conjunção)
SENÃO
SEQUER
QUASE

QUEDÊ SUA CORAGEM OU CADÊ SUA CORAGEM?

As duas expressões são errôneas, pelo menos sob a perspectiva da língua culta.

Corrija-se, dizendo: **que é de**, ou seja, **que é feito de**.

Exemplos:

Que é de sua coragem? (Que é feito de sua coragem?)

Que é da gravata que você me prometeu? (Que é feito da gravata que você me prometeu?)

Que é da paciência que o caracterizava? (Que é feito da paciência que o caracterizava?)

Que é dos livros que te dei? (Que é feito dos livros que te dei?)

QUISEMOS, PUSEMOS, IMPUSEMOS, COM "S".

Nas pessoas verbais, o som **zê** pode ser representado por **z** (ex.: trazemos) ou por **s** (ex.: quisemos).

Usa-se "z", quando o verbo, no infinitivo, já tem "z".

Exemplo:
trazer – traZemos, trazem, trazeis
dizer – diZemos, dizem, dizeis
fazer – faZemos, fazem, fazeis

Usa-se "s", quando o verbo, no infinitivo, não tem "z".

Exemplo:
querer – quiSemos, qui*s*eram, qui*s*este
pôr – puSemos, pu*s*eram, pu*s*este
decompor – decompuSemos, decompu*s*eram
impor – impuSemos, impu*s*eram

QUE É QUE A BAIANA TEM? OU O QUE É QUE A BAIANA TEM?

Na verdade, as duas construções são válidas.

Existe o pronome interrogativo **que**, e existe, igualmente, a forma reforçada **o que**, fato que é salientado pelas gramáticas em geral, a exemplo de Rocha Lima (*Gramática Normativa da Língua Portuguesa* – 17ª edição – p. 104). É lícito, portanto, dizer:

Que queres aqui? ou
O que é que queres aqui?
Que é que a baiana tem? ou
O que é que a baiana tem?

Por outro lado, no caso, o termo "o" não tem, isoladamente, função sintática ou classe gramatical. É uma parte integrante do próprio pronome interrogativo reforçado.

RADIORREPÓRTER

Radiorrepórter é sem tracinho.

Por quê?

Porque, de acordo com a ortografia vigente, o elemento prefixal rádi(o) apenas provoca tracinho se o outro termo iniciar por "o".

Exemplos:

rádio-onda		radiotécnico
radioator		radioteatro
radionovela		radiografia
radioamador		radiorreceptor
radiorrepórter		radiotelegrafista
rádio-operador	ou	radioperador

BATEU O RECORDE!

A uma proeza, especialmente esportiva, ainda não realizada devemos chamar de "recorde" (palavra paroxítona; a sílaba forte é **cor** – aberta).

A forma *record* (sem "e" final e com sílaba forte assinalada no "re") é inglesa.

REB<u>U</u>LIÇO OU REB<u>O</u>LIÇO?

As bibliografias, em geral, dão como certa a forma **rebuliço** (com "u"), pois é da mesma linha de "bulício" (com "u") que significa "agitação", "gritaria confusa", "gente em desordem".

*REI*VINDICAÇÃO

Temos encontrado, em algumas redações escolares, as grafias "revindicação" e "reinvindicação".

A forma correta é, todavia: *rei*vindicação.

RIO-GRANDENSE, COM HÍFEN!

Os gaúchos, mais do que ninguém, têm obrigação de grafar corretamente o vocábulo representativo de sua terra; rio-grandense (com hífen).

A propósito, em se tratando de nomes compostos designativos de povos, normalmente, usa-se o hífen.

Exemplos:

rio + grandense = rio-grandense,
porto + alegrense = porto-alegrense,
santa + mariense = santa-mariense,

são + borjense = são-borjense,
são + pedrense = são-pedrense.

Entretanto, se uma das duas palavras perder letra, haverá duas opções: sem ou com hífen.

Exemplo:

estado + unidense – estadunidense

ou estado-unidense.

SÃO / SANTO

Santo deve ser usado antes de nomes que iniciem por vogal ou "h".

Exemplos:

Santo Antônio
Santo Amaro
Santo Inácio
Santo Henrique

São deve ser usado antes de nomes que iniciem por consoante.

Exemplos:

São Benedito
São Cristóvão
São Pedro
São Mateus
São José

Exceção:

Apenas dois nomes iniciados por consoante exigem a forma "santo": Santo Tirso e Santo Cristo.

Quanto a "Tomás", pode-se dizer "Santo Tomás" ou "São Tomás".

SE, CASO...

Dizer "se, caso..." é a mesma coisa que dizer "se se", pois, nessa circunstância, as duas palavras são conjunção condicional, exprimindo ambas uma condição.

Exemplo:

Se tiveres tempo, aparece lá em casa. *Caso* tenhas tempo, aparece lá em casa.

Nota:

Não confundir "caso" com "acaso". "Acaso" significa "por acaso", "porventura", e nada tem a ver com a conjunção condicional.

Exemplo:

"Se acaso você chegasse no meu barraco e encontrasse..."

FIGURINHA DIFÍCIL

"*SC*" é bastante raro na língua portuguesa.

Poucas são as palavras do vocabulário básico que devem, realmente, ser escritas com "sc".

Por isso, em caso de dúvida, deve-se optar por "c", pois a possibilidade de acertar é maior e, no caso de errarmos, o erro será leve.

Quem escreve com "c" uma palavra que deve ser escrita com "sc" comete um erro brando.

Exemplo: conciência.

Quem escreve com "sc" uma palavra que deve ser escrita com "c" comete um erro mais grave.

Exemplo:

democrascia.

Dentre as palavras que devem ser grafadas com "SC" e que mais vezes encontramos erradas em redações de grau médio, cabe memorizar, particularmente, as seguintes:

abscissa
abscesso
adolescente, adolescência
arborescer
consciência, consciente, cônscio
convalescença, convalescente
discernir, discernimento
enrubescer
fascinar, fascinação, fascinado
fascismo, fascista
florescer
prescindir, imprescindível
obsceno, obscenidade
ressuscitar
suscitar, suscetibilidade
víscera

SELVÍCOLA OU SILVÍCOLA?

Há quem grafe "selvícola", certamente por influência da palavra "selva".

O correto, entretanto, é **silvícola**: vem do vocábulo latino *silva* (floresta).

Da mesma família de *silva* são outros vocábulos que podemos associar a "silvícola" para melhor fixarmos a forma correta:

silvestre (que é da floresta); madressilva (planta da floresta), etc.

DE S<u>O</u>PETÃO OU DE S<u>U</u>PETÃO?

O certo é "de supetão" (com "u"). "Supetão" é da mesma família de "súbito" (com "u").

A propósito, "de supetão" significa "de súbito", isto é, "de repente", "inesperadamente".

SUADOR OU SUADOURO?

"Suador" é a pessoa que sua com frequência.
Exemplo:
Rogério é muito suador: sua facilmente.
"Suadouro" é o ato ou efeito de suar.
Exemplo:
O remédio causou-me um forte suadouro.

"SUBTOTAL" É SEM HÍFEN.

"Subtotal" é sem hífen.
Também se grafam sem hífen:

subdelegado	subdiretor
subnutrido	subtenente
submúltiplo	

O prefixo **sub** só provoca hífen antes de palavras iniciadas por **r** ("sub-rogar", "sub-reino", "sub-renal") e de palavras iniciadas por **b** ("sub-bibliotecário", "sub-base").

SUA RESPOSTA SUCINTA SUSCITA DESILUSÃO.

"Sucinta" (com **c**) significa "resumida", "curta".

Mas "suscitar" (com **sc**) significa "causar", "provocar".

SUPER PAI, SUPER-PAI OU SUPERPAI?

O prefixo "super" provoca hífen somente antes de palavras iniciadas por "h" ou por "r".

Exemplos:

super-homem
super-humano
super-requintado
super-realismo

Fora disso, tal prefixo une-se *diretamente* à palavra que o segue.

Exemplos:

superpai
superprodução
superorganização
supersônico
superelegante
supercampeão
superinteligente
supermercado
superlotação
supersensível

SURPRESA (COM "S")

Existe uma série de palavras muito frequentes no português cotidiano em que a terminação "esa" é com "s" por derivar-se da terminação latina *ensa*, igualmente com "s".

Dentre essas palavras, salientaríamos: **defesa** que se deriva da forma latina *defensa*, **despesa** que se deriva da forma latina *dispensa*, **surpresa** que se deriva da forma latina *surprehensa*, **empresa** que se deriva da forma latina *imprehensa*.

TÃO POUCO / TAMPOUCO

A expressão **tão pouco** acompanha um substantivo; e a palavra "pouco", no caso, é variável.

Exemplos:

Eu tenho tão pouco *tempo,* que não posso assumir novos compromissos.

Estava com tão pouca *disposição* para o trabalho, que não chegou a fazer nada.

Eu tive tão poucas *oportunidades,* que não arrisquei.

Tenho tão poucos *amigos,* que cabem todos num automóvel.

A expressão **tampouco** se refere a um verbo; é invariável e significa "também não".

Exemplo:

Se o professor não resolveu o problema, *tampouco* o resolveriam os alunos.

(Se o professor não resolveu o problema, os alunos *também não* o resolveriam).

TARZÃ, TARZAM OU TARZAN?

Escrita de acordo com as normas ortográficas da língua portuguesa, a palavra **tarzã** deve ser com til.

Por quê? Porque é norma, em português, que o som final "ã" não seja representado por "an" ou "am". O certo é **ã**.

Exemplos:

manhã	órfã
ímã	tarzã
irmã	satã

TATARAVÔ OU TETRAVÔ?

Existem as duas formas, e ambas são aceitas.

Tetravô vem do grego *tetra* (= quatro) e significa, portanto, "quarto avô".

Tataravô resulta, segundo Antenor Nascentes, da junção da palavra "avô" com a palavra "tatá" que, na linguagem infantil, significa "pai".

TEREZA OU TERESA?

Do ponto de vista gramatical, o som "z" deve ser representado por "s" em nomes próprios (e até sobrenomes) muito correntes em nossa língua portuguesa.

O certo é, por exemplo:

Teresa, Isaque, Luís, Luísa, Isabel, Isolda, Lisete, Susana, Isidoro, Isaura, Heloísa, Elisabete, Edésio, Eusébio, Gelásio, Cleusa, Inês, Nise, Tomás, Sousa, Valdês, Queirós, Matoso, etc.

TERRAPLANAR OU TERRAPLENAR?

Gramaticalmente, deve-se preferir a forma **terraplenar**, pois vem da palavra "pleno" (cheio).

"Terraplenar" é nivelar o solo, enchendo de terra (deixando plenas de terra) as depressões ou cavidades.

Essa particularidade se estende, obviamente, às palavras da mesma família: terraplenagem, terraplenamento, terrapleno.

TÓRAX (COM "X") MAS TORÁCICO (COM "C")

A culpa é do latim.

Nosso substantivo **tórax** veio do latim *thorax* e, por isso, é com **x**. Mas o adjetivo **torácico** é com **c**, porque veio do adjetivo latino *thoracicus*, com "c". Coisas da vida... Ou melhor, da língua.

NÃO EXISTE TRESSOL!

O que existe é **terçol**, com **ç** (pequeno abscesso na borda das pálpebras), e "tersol", com "s" (toalha de igreja para o sacerdote limpar as mãos).

A exemplo de "terçol", é muito comum certos males do cotidiano terem seus nomes expostos a deformações na linguagem popular. Outros exemplos:

Errado:
desinteria
estigmatismo
infarte
panariço

Certo:
disenteria
astigmatismo
enfarte, enfarto ou infarto
panarício ou panariz

TRÁFEGO / TRÁFICO

Tráfego é circulação de veículos. **Tráfico** é comércio (ou transporte e comércio) ilícito.

Exemplos: tráfico de maconha, tráfico de mulheres (lenocínio)...

ÚTIL E FÁCIL

Há um grande número de adjetivos terminados por **el**: admirável, comparável, durável, desmontável, elogiável, infindável, inconfessável incomensurável, louvável, razoável, tolerável, suportável, etc.

Três deles, porém, terminam por **il** e ocorrem muito no português cotidiano: ÚTIL, FÁCIL e DIFÍCIL.

VAIVÉM

No substantivo "vaivém", os dois elementos vão grafados juntos; sem hífen, sem nada!

Vai e vem tão rapidamente, que nem dá tempo de separar...

VASO (COM "S") / VAZIO (COM "Z")

A palavra "vaso" (= recipiente) é com "s", pois vem do latim *vasum*.

Mas, apesar da semelhança de som, a palavra "vazio" (= sem conteúdo) nada tem a ver com isso.

Grafa-se com "z", e essa letra se estende, obviamente, às outras palavras da mesma família: vazar (= deixar vazio, sem conteúdo), esvaziar, esvaziamento...

VEIO, MAS JÁ SAIU!

Os verbos terminados por **ir** apresentam **u** na terceira pessoa do singular do pretérito perfeito do indicativo: sa**ir** (sai**u**), part**ir** (parti**u**), ment**ir** (menti**u**), ca**ir** (cai**u**), fal**ir** (fali**u**), etc.

Entretanto, o verbo **vir** e seus derivados constituem exceção, pois apresentam **o** nessa pessoa: *vir* (veio), sobre*vir*; (sobreveio), inter*vir* (interveio), etc.

VIAJEM OU VIAGEM?

O verbo "viajar" é com "j": eu viajo, tu viajas, que ele viaje, que eles viajem...

Mas o substantivo **a viagem** é com "g".

Exemplo:

Espero que faças boa viagem.

VIR À BAILA OU VIR À BALHA?

As duas expressões são corretas. Primitivamente, "vir à baila" significa "vir à dança"; "vir ao baile", "aparecer", "ser visto".

Desse sentido limitado evoluiu para um sentido genérico, aplicando-se também ao terreno das ideias.

Exemplo:

A pergunta que veio à baila, naquele momento, era bastante indiscreta. (= A pergunta que apareceu, que surgiu, naquele momento, era bastante indiscreta).

Assim como é aceitável a forma "baila" (derivada de "baile"), também é aceitável a forma "balha" (derivada do verbo "balhar" – "dançar").

VORAZ (COM "Z")

As terminações **az** e **oz** são grafadas com **z**, quando existe outra palavra da mesma família que seja com "c".

Exemplos: voraz, vora**c**idade; sagaz, saga**c**idade; audaz, audá**c**ia; tenaz, tena**c**idade; capaz, capa**c**idade; mordaz, morda**c**idade; veloz, velo**c**idade; atroz, atro**c**idade.

GAROTA VULTOSA OU GAROTA VULTUOSA?

"Garota vultosa" é garota robusta.

"Garota vultuosa" é garota de rosto inchado.

"Vultosa" é da família de "vulto" (volume) e significa, consequentemente, "volumosa", "grande", "robusta", "de muito vulto". "Vultuosa" é da mesma família de "vul-

tuosidade" (estado de inchação do rosto, particularmente dos lábios e dos olhos).

Muitas vezes já ouvimos ou lemos as expressões "vultuosas somas", "vultuosos gastos" que constituem, sem dúvida, uma impropriedade vocabular, pelo menos sob a perspectiva da língua-padrão.

Usem-se, portanto: "vultosas somas", "vultosos gastos", isto é, gastos ou somas de vulto, volumosos, grandes...

XAMPU

A forma inglesa *shampoo* há muito foi aportuguesada para "xampu", mas, por ignorar esse fato, ou por simples preferência pela grafia estrangeira, nossos fabricantes insistem em usar o termo primitivo nos rótulos de seus produtos.

Aliás, existem outros vocábulos bem cotidianos que já receberam a respectiva adaptação portuguesa, porém continuam a aparecer por aí grafados à estrangeira.

Entre eles, apenas para citar mais alguns exemplos, salientaríamos:

chique (português) em vez de *chic* (francês);
tricô (português) em vez de *tricot* (francês);
uísque (português) em vez de *whisky* (inglês);
vitrina (português) em vez de *vitrine* (francês);
cabina (português) em vez de *cabine* (francês);
espaguete (português) em vez de *spaghetti* (italiano);
carrossel (português) em vez de *carroussel* (francês);
sanduíche (português) em vez de *sandwich* (inglês).

CICATRIZ (COM "Z")

A terminação "iz", nas palavras oxítonas, é normalmente com "z".

Exemplos:

giz	aprendiz
juiz	geratriz
nariz	bissetriz
verniz	chafariz
petiz	cicatriz
matriz	codorniz
perdiz	imperatriz
infeliz	embaixatriz

Raras são as exceções a esse princípio. Entre elas, citaríamos: gris, país, Paris, Assis...

"ZINHO" COM "Z" OU "SINHO" COM "S"?

Na formação dos diminutivos, o sufixo "inho" só deve ser introduzido pela letra "s", quando, na última sílaba da palavra primitiva, já existir "s".

Exemplos: mesa, mesinha; casa, casinha; Teresa, Teresinha...

Fora disso, o sufixo "inho" será introduzido pela letra "z".

Exemplos: árvore, arvorezinha; mãe, mãezinha; Maria, Mariazinha...

Acentue certo

A NOVA ORTOGRAFIA: O QUE FICOU.

Apresentaremos a acentuação a partir do que foi estabelecido pelo Acordo Ortográfico ratificado pelo Decreto nº 6.583, de 28 de setembro de 2008.

REGRA DAS PROPAROXÍTONAS

Coloca-se acento gráfico na sílaba tônica de todas as palavras proparoxítonas, quer sejam reais (ex.: límpido, escândalo), quer sejam relativas (exs.: água, média, gêmeo, mágoa).

Nota:

As proparoxítonas relativas caracterizam-se pelo fato de terminarem por um ditongo cuja primeira letra é **u** (água), **i** (média), **o** com som de **u** (mágoa = mágua) ou **e** com som de **i** (gêmeo = gêmio).

REGRA DAS PAROXÍTONAS

Coloca-se acento gráfico na sílaba tônica das palavras paroxítonas terminadas por Ã(s), ÃO(s), EI(s), I(s), OM, ON(s), UM(uns), US, PS, L, N, R, X.

Exemplos: órfã(s), órgão(s), jóquei(s), júri, grátis, iândom, próton(s), álbum, álbuns, fórceps, fácil, hífen, açúcar, Félix.

REGRA DAS OXÍTONAS

Coloca-se acento gráfico na sílaba tônica das palavras oxítonas terminadas por O(s), E(s), A(s), abertas ou fechadas.

Exemplos:

bisavô, propôs, mocotó, após, comprometê-lo, vocês, jacaré, através, Paraná, atrás.

Nota:

Coloca-se, também, acento agudo na sílaba tônica das palavras oxítonas terminadas por EM, ENS, desde que tenham mais de uma sílaba.

Exs.: armazém, parabéns.

Nota:

Coloca-se, finalmente, acento circunflexo na sílaba tônica da terceira pessoa do plural do presente do indicativo dos verbos "ter", "vir" e derivados (reter, conter, entreter, advir, provir, etc.)

Exs.: eles têm, eles provêm.

REGRA DO "U" E DO "I"

As letras "u" e "i" devem ser acentuadas, quando se satisfizerem as seguintes condições:

1) devem ser tônicas;

2) devem vir antecedidas de vogal;

3) devem formar sílabas sozinhas ou com a letra "s";

4) não devem ser antecedidas de ditongo decrescente em palavras paroxítonas.

Exemplos:

conteúdo, balaústre, moído, país.

Nota:

Palavras como "rainha", "bainha", "tainha" escapam a essa regra, porque, na verdade, a letra "i" forma sílaba com um "n" virtual que facilmente descobrimos pela pronúncia:

"ra-i(n)-nha", "ba-i(n)-nha", "ta-i(n)-nha".

Observação:

O item 4 envolve alteração feita pelo Novo Acordo Ortográfico e abrange poucas palavras na língua portuguesa. Por exemplo, não há mais acento em feiura, baiuca, maoismo, taoismo, etc.

REGRA DOS DITONGOS

Coloca-se acento gráfico sobre a primeira letra dos ditongos tônicos ÓI, ÉU, ÉI (seguidos ou não de "s"), quando essa letra for aberta.

Exemplos: herói, chapéu, motéis.

Observação: Não mais são acentuados os ditongos ÓI e ÉI quando forem tônicos em palavras paroxítonas. Exs.: assembleia, plateia, ideia, jiboia, Lindoia.

REGRA DO TREMA

Foi extinto o trema na língua portuguesa. Apenas se mantém, segundo o Acordo Ortográfico, o trema em palavras derivadas de nomes próprios estrangeiros, a exemplo de mülleriano, de Müller.

REGRA DO TIL

O til deve ser colocado sobre a primeira vogal dos ditongos nasais **ão**, **õe**, **ãe**, **ãi**.

Exemplos: coração, põe, mãe, **cãibra**.

REGRA DO ACENTO DIFERENCIAL

Foi praticamente extinto o acento diferencial com o Novo Acordo Ortográfico. Restaram dois casos: **pôr** (verbo) e **pôde** (verbo no passado). Surgiram três casos opcionais: fôrma (substantivo), dêmos (verbo "dar" no presente do subjuntivo) e louvámos (e formas afins), verbo no pretérito perfeito. O acento facultativo em "dêmos" e em "louvámos" deve-se ao emprego de tais escritas em Portugal.

REGRA DO ACENTO GRAVE

Usa-se o acento grave para indicar a ocorrência de crase da preposição "a" com o artigo "a(s)" ou com a primeira letra dos demonstrativos "aquele(s), "aquela(s), "aquilo".

Crase da preposição "a" com o artigo "a(s)".

Consiste na sobreposição da preposição "a" com o artigo "a(s)". Escrevemos "Dei o livro ao menino", mas, em vez de escrevermos "Dei o livro *aa* menina", devemos escrever "Dei o livro à menina".

Crase da preposição "a" com a primeira letra dos demonstrativos "aquele(s)", "aquela(s)", "aquilo".

Consiste na sobreposição da preposição "a" com a primeira letra dos demonstrativos "aqueles(s)", "aquela(s)", "aquilo".

Assim, em vez de escrevermos "Não me refiro a aquele rapaz", "Dei toda a atenção a aquela moça", "Não ligue isto a aquilo", devemos escrever:

"Não me refiro àquele rapaz",
"Dei toda a atenção àquela moça",
"Não ligue isto àquilo".

ABREVIATURA LEVA ACENTO?

Leva.

Se houver acento gráfico na parte restante da palavra que foi abreviada, esse acento sempre se manterá:

núm. (número),

gên. (gênero),
pág. (página),
Alg. (Álgebra),
Acúst. (Acústica), etc.

A LEDA OU À LEDA?

Ao endereçarmos uma carta a uma pessoa do sexo masculino, a crase torna-se proibitiva.

Mas, se nossa correspondência se dirige a uma pessoa do sexo feminino, a indicação de crase torna-se facultativa.

A conotação que a presença ou ausência do acento grave possa, no caso, sugerir nada tem a ver com as postulações da gramática em si mesma.

Apenas, indicando crase, sugerimos maior intimidade e, evitando-a, supomos maior respeito.

À PROCURA

Nas expressões "ir à procura", "sair à procura", "andar à procura", existe indicação de crase.

Muitas vezes o estudante não assinala a existência da crase e alega, para defender seu ponto de vista, o fato de não haver crase antes de verbo.

Mas a palavra "procura", no caso, não é verbo! É substantivo.

A maior prova disso é que, em vez de dizermos "saiu à procura de...", podemos dizer: "saiu ao encalço de...".

ELE VOLTOU A CASA OU ELE VOLTOU À CASA?

Só se indica crase antes da palavra "casa", quando essa está determinada, isto é, seguida de um termo ou expressão que a especifique: casa de Paulo, casa de Maria, Casa Masson, Casa Primavera, casa de campo, casa de praia, etc.

Exemplos:

Ele voltou *a* casa.

Ele foi *à* casa de praia.

EXISTE CRASE ANTES DE NÚMERO?

Existe.

Mas somente quando se subentende uma palavra feminina como o termo a que esse número se refere.

Exemplos:

O assunto vai da página cinco à sete. (= O assunto vai da página cinco à página sete.) Ficamos aqui das três às oito. (= Ficamos aqui das três às oito horas.)

Iniciamos às seis e só saímos à uma. (= Iniciamos às seis horas e só saímos à uma hora.)

Nota:

Sabe-se que não há crase antes de artigo indefinido (um, uma); contudo, na expressão "à uma hora", não temos artigo indefinido e, sim, numeral.

DETÉM / DETÊM

Depende se é singular ou plural. No singular, leva acento agudo.

Exemplo:

O guarda *detém* o assaltante. No plural, leva acento circunflexo.

Exemplo:

Os guardas *detêm* o assaltante.

Nota:

A mesma orientação se aplica a "convém" e "convêm", "retém" e "retêm", "mantém" e "mantêm", etc.

FEMININA OCULTA

Já me perguntaram, diversas vezes, se "ir a São Paulo", "ir a Porto Alegre" e construções análogas provocam crase.

Explico que a crase, no caso, não se justifica, porque "São Paulo" e "Porto Alegre" são palavras masculinas.

Em geral, no entanto, ouço a ponderação de que *estaria oculta a palavra feminina "cidade"*.

Cabe frisar que essa argumentação é improcedente por dois motivos.

Em primeiro lugar, a palavra "cidade" provocaria a preposição "de", termo que não consta nas construções propostas.

É sabido que não se diz: "Vou à cidade São Paulo" e, sim, "Vou à cidade de São Paulo".

Em segundo lugar, o "direito" de imaginar palavras femininas ocultas para justificar a existência de crase não é tão amplo como pensam alguns.

Em rigor, de acordo com a tradição gramatical, os termos que costumamos supor ocultos a propósito da crase da preposição "a" com o artigo "a" são apenas "moda", "sociedade" e "empresa" (ou sinônimos: firma, indústria, companhia, etc).

Exemplos:

Vestia-se à Luís XV.

(= Vestia-se à *moda* Luís XV.)

Vou à Socorro dos Solteiros.

(= *Vou à Sociedade* Socorro dos Solteiros.)

Encaminhei o pedido à Comércio e Importação Ltda.

(= Encaminhei o pedido à *empresa* Comércio e Importação Ltda.)

FEZ (SEM ACENTO)

Nenhuma palavra terminada por "z" leva acento nessa terminação.

Exemplos: fez, talvez, palidez, etc.

Nota: Às vezes, encontramos, em redações escolares, palavras que devem terminar por "s" (atrás, através, aliás, etc.) grafadas com "z" e acentuadas! Nesse caso, cometem-se dois erros numa única sílaba.

ÍTEM OU ITEM?

Não são poucas as vezes em que encontramos a palavra **item** grafada com acento, particularmente em relatórios ou exposições congêneres.

É errado, entretanto, acentuá-la.

De acordo com as normas de acentuação em vigor, as palavras cuja sílaba "forte" seja a penúltima (palavras paroxítonas) levam acento gráfico quando terminam em "n".

Exemplos:
hífen, pólen, éden, Cármen, líquen, etc.
Mas não o levam, quando terminam por "m".
Exemplos:
item, pajem, ordem, margem, etc.

A TERMINAÇÃO "OR" LEVA ACENTO?

Só existe uma palavra, na língua portuguesa, que recebe acento na terminação "or": pôr (verbo).

Exemplo:

Eu vou pôr minha beca e sair por aí.

Mas é só o verbo "pôr" que leva acento! Nem os derivados dele podem ser acentuados: depor, repor, compor, impor, propor, etc.

E muito menos outras palavras terminadas em "or": licor, vetor, fator, calor, fedor, etc.

QUÊ, COM "CHAPÉU".

O vocábulo "que", ao esbarrar num ponto-final, põe um "chapéu" para se proteger.

Exemplos:

Fizeste tudo isso para quê?

Ele estava falando não sei de quê.

OS SETE PECADOS MORTAIS DA CRASE

Causa pior impressão indicar crase, quando não existe, do que não indicá-la, quando existe.

A prática nos tem mostrado que há sete casos em que a crase não pode acontecer, de modo algum, tornando-se a indicação da mesma não só absurda, mas até ridícula.

Para facilitar a memorização desses sete casos, resolvemos chamá-los, liberalmente, de Os Sete Pecados Mortais da Crase.

Parta sempre do fato de que só pode haver crase se pudermos provar que a preposição **a** e o artigo **a(s)** se encontraram e se sobrepuseram.

I PECADO – ANTES DE PALAVRA MASCULINA.

Esse "a" é apenas uma preposição. Não existe o artigo "a" sobreposto a ela, porque é absurdo admitirmos um artigo feminino diante de uma palavra masculina.

II PECADO – ANTES DE ARTIGO INDEFINIDO.

Esse "a" é apenas uma preposição. Não existe o artigo "a" sobreposto a ela, porque é absurdo admitirmos que se usem um artigo definido e um artigo indefinido ao mesmo tempo e diante de uma mesma palavra.

III PECADO – ANTES DE VERBO.

Esse "a" é apenas uma preposição. Não existe artigo sobreposto a ela, porque não se emprega artigo antes de verbo.

IV PECADO – ANTES DE EXPRESSÃO DE TRATAMENTO.

Esse "a" é apenas uma preposição. Não existe artigo sobreposto a ela, porque, em português, não se emprega artigo antes de expressão de tratamento.

Nota:

Quando falamos em expressão de tratamento, referimo-nos, exclusivamente, às formas diante das quais se costuma usar o possessivo "sua" ou o possessivo "vossa".

Exemplo:

Majestade: Sua Majestade, Vossa Majestade.

V PECADO – ANTES DE PRONOMES PESSOAIS, INDEFINIDOS E DEMONSTRATIVOS.

Exemplos:

Nada revelarei **a ela**. Direi isso **a qualquer** pessoa. Não me refiro **a esta** carta.

Os três "as" anteriormente propostos são apenas preposições.

Não existe artigo sobreposto a elas, porque, em português, não se emprega artigo antes de pronomes demonstrativos, indefinidos ou pessoais.

VI PECADO – QUANDO O "A" ESTÁ NO SINGULAR, E A PALAVRA SEGUINTE ESTÁ NO PLURAL.

Esse "a" é apenas preposição. Não existe artigo sobreposto a ela, pois, se existisse, estaria no plural (para concordar com o substantivo "moças"), e o "s" final dele ficaria aparecendo.

VII PECADO – QUANDO, ANTES DO "A", EXISTIR PREPOSIÇÃO.

Esse "a" é apenas artigo. Não existe a preposição "a" sobreposta a ele, visto que a presença da preposição "perante" repele a presença da preposição "a": seria absurdo empregarmos duas preposições ao mesmo tempo e diante da mesma palavra!

Nota:

A preposição "até" admite, facultativamente, a presença do artigo: "Fomos até a margem" ou "Fomos até à margem".

CHEGAREMOS A TERRA OU À TERRA?

A expressão "a terra", quando se opõe à expressão "a bordo", pode receber indicação de crase ou não. Haverá crase, quando a palavra "terra" vier determinada.

Exemplo:

Chegaremos à terra **procurada**.

Caso contrário, não haverá crase.

Exemplo: Chegaremos a terra.

VEM, VÊM / TEM, TÊM

Quanto aos verbos "ter" e "vir", esses levam acento circunflexo na terceira pessoa do plural e não o levam na terceira pessoa do singular.

Mas, em ambos os casos, são grafados com um "e" apenas:

ele tem, eles têm, ele vem, eles vêm.

Evidentemente, essa mesma norma também se aplica aos derivados dos verbos "ter" e "vir":

ele detém	eles detêm
ele retém	eles retêm
ele provém	eles provêm
ele advém	eles advêm
ele mantém	eles mantêm
ele convém	eles convêm

Pronuncie certo

ELE SE APIEDA OU ELE SE APIADA?

Segundo bibliografias dignas de todo o crédito, o verbo "apiedar-se" tem conjugação regular: eu me api**e**do, ele se api**e**da, tu te api**e**davas, eu me api**e**dei, etc.

A vogal "e" se mantém sempre, pois se trata de uma palavra da mesma família de "pi**e**dade" (com "e").

Existe, porém, o verbo "apiadar-se" (também regular) e correspondente ao substantivo "piadade".

Mas tanto "piadade" como "apiadar-se" são formas arcaicas, fora de uso, e não é coerente, portanto, misturar, numa só conjugação, formas de procedência distinta.

BOEMIA NÃO EXISTE.

Não existe na língua culta padrão. De acordo com a gramática, devemos pronunciar "boêmia". Entretanto a forma (também registrada em respeitáveis dicionários) preferida no Brasil é boe**mi**a.

CÁQUI OU CAQUI?

No Rio Grande do Sul, é comum denominarmos de "*cá*qui" a fruta do caquizeiro.

A tal ponto que, em qualquer feira ou tenda, se não usarmos essa palavra, correremos o risco de não nos comunicar.

No entanto, "*cá*qui" é o designativo da "cor de barro" ou do brim que tem essa cor.

A fruta é **caqui**.

CIRCUÍTO OU CIRCUITO?

O certo, gramaticalmente, é: cir-**cui**-to. Não se deve destacar o "i" do "u" ao pronunciar-se essa palavra.

O mesmo procedimento também deve ser adotado em relação aos vocábulos "gra**tui**to", "in**tui**to" e "for**tui**to".

COMPANHIA

Diversas vezes já me perguntaram se devemos dizer "compania" ou "companhia". Eis aí uma dúvida facílima de resolver. Basta associar com **companheiro**.

Ora, ninguém diz "companeiro"; portanto, não há razão alguma para dizer "compania" que é, afinal, uma palavra da mesma família de companheiro.

DESTRINÇAR OU DESTRINCHAR?

Existem as duas formas. E o significado é o mesmo: desenredar, expor minuciosamente, deslindar.

É claro que a primeira forma é mais fina, mas a segunda é igualmente válida.

ELE SE ESP(^)ELHA.

Assim como se diz “ele acons(ê)lha” (“e” fechado) e não “ele acons(é)lha” (“e” aberto), também devemos dizer “ele se esp(ê)lha” (“e” fechado) e não “ele se esp(é)lha” (“e” aberto).

Os verbos terminados em “elhar” têm pronúncia fechada.

Nota:

No próprio Hino Nacional Brasileiro, surge o verbo “espelhar” que todos aprendemos a cantar fechado, embora, no mais das vezes, não nos tivéssemos conscientizado de sua acepção:

“És belo, és forte, impávido colosso,
E o teu futuro **espelha** essa grandeza...”

HORA (^)EXTRA OU HORA (·)EXTRA?

Em rigor, deve-se dizer (^)**extra** (pronúncia fechada).

Trata-se, no caso, da forma reduzida, abreviada, de “extraordinária”.

Ora, como dizemos “extraordinária” (“ê” fechado), é sensato que, ao reduzirmos a palavra, não modifiquemos a pronúncia.

NÃO F(^)ECHA OU NÃO F(·)ECHA?

O verbo “fechar” é fechado.

O certo é: **f(^)echa**.

Exemplos:

Não f(^)echa ao meio-dia.

F(^)echa a porta!

Ele se f(^)echa em si mesmo.

FOLCL(·)ORE OU FOCL(^)ORE?

A palavra “folclore”, segundo Silveira Bueno, é de origem inglesa e deriva-se de *folk* (= povo) e *lore* (= narrativa). Foi proposta, na língua inglesa, por Thoms, que a utilizou pela primeira vez no jornal *The Athenaeum*, em 22 de agosto de 1845. Pouco tempo depois, era introduzida na língua portuguesa e hoje é um termo internacional.

As bibliografias especializadas insistiram, por muito tempo, em sugerir a pronúncia fechada para o segundo "o": folcl(^)ore. Atualmente, entretanto, firma-se cada vez mais a pronúncia aberta para aquela vogal, mesmo na classe culta.

Face a tal constatação certamente, o *Vocabulário Ortográfico da Língua Portuguesa*, que é a fonte oficial para resolver tais problemas, em sua mais recente edição (2009), não faz qualquer referência à pronúncia a ser seguida.

Daí se infere que tanto a pronúncia fechada (folcl(^)ore) quanto a pronúncia aberta (folcl(´)ore) são aceitáveis, sendo a segunda a mais natural e a mais corrente.

OS MEDAS E PERSAS OU OS MEDOS E PERSAS?

O certo é "os me**dos** e persas". O adjetivo que designa o habitante da Média (Ásia) é "medo", "medos", com "o".

Face à constância com que aparece o binômio "Medos e Persas" nas aulas de História, alguns alunos acabam por estender o "a" de "persas" à palavra "medos", o que é incorreto.

NOBEL OU NÓBEL?

Já cansei de ouvir dizerem "prêmio nóbel"...

Mas a verdade é que a sílaba "forte" dessa palavra é a última. O certo é dizer "no**bel**".

PANTANO GRANDE OU PÂNTANO GRANDE?

Há quem pronuncie com mais ímpeto a penúltima sílaba dessa palavra. Na verdade, porém, a sílaba "forte" é a antepenúltima: ***pân**tano* (proparoxítona).

Estão no mesmo caso, entre outras, as palavras: anátema, bávaro, ínterim, lêvedo.

RÉPTIL OU REPTIL?

As duas formas são aceitáveis.

Para alguns vocábulos, existe, mesmo na língua culta, oscilação de pronúncia.

É o caso de:

réptil e rep**til**
pro**jé**til e proje**til**
Oce**â**nia e Ocea**ni**a
hie**ró**glifo e hiero**gli**fo
zângão e zan**gão**

RÚBRICA OU RUBRICA?

O certo é "rubrica". Aliás, a exemplo de "ru**bri**ca", há muitas outras palavras cuja sílaba "forte" é a penúltima e, não, a antepenúltima, como, às vezes, se ouve por aí...

Dentre elas, salientaríamos:

i**be**ro
pu**di**co
pe**ri**to
a**va**ro
filan**tro**po
misan**tro**po
inau**di**to
maquina**ri**a

É RUIM! OU RU-IM?

Ao nos comunicarmos dentro da língua-padrão, devemos dizer **ru-im** (dissílaba).

Está na mesma linha de pronúncia da palavra "ruína".

PRIMEIROS SOCORROS!

Temos nossas angústias relativamente a alguns substantivos que trazem "o" fechado no singular e aberto no plural.

Pois bem, para resolver o problema, apresentamos, a seguir, a relação dos substantivos que abrem o "o" no plural:

abrolhos (ó)
apostos
caroços
chocos
comborços
contornos
cornos
corpos
corvos
despojos
destroços
escolhos
esforços
estorvos
fogos (ó)
fornos
foros
forros
fossos
miolos
olhos
ossos
ovos
poços
porcos
portos
postos
povos
renovos (ó)
rogos
socorros
sogros
soros
tijolos
tocos
tojos
tornos
tordos
tremoços
trocos
troços

(^)

BOLSOS

Os substantivos não compreendidos na relação anterior mantêm o "o" fechado no plural:

Exemplos:

gostos (ô)	bolsos (ô)
esposos	estojos
globos	pescoços
rebocos	polvos
almoços	adornos

CONSTRUA CERTO

AONDE / DONDE / ONDE

Quando se trata do verbo **ir** (ou sinônimos: “encaminhar-se”, “dirigir-se”), é aconselhável, gramaticalmente, usarmos **aonde**:

Quando se trata do verbo **vir** ou sinônimos (“provir”, “originar-se”), devemos empregar **donde** (ou “de onde”):

E, quando se trata de qualquer outro verbo (que não seja “ir”, “vir” ou sinônimos), devemos empregar “onde”: “ONDE ESTAMOS?”.

ELA CHOROU ANTES DO NAMORADO CHEGAR OU ELA CHOROU ANTES DE O NAMORADO CHEGAR?

O certo, no caso, é a segunda construção:

Ela chorou antes de o namorado chegar.

A preposição "de" fica separada do artigo, quando, depois, vem um verbo no infinitivo.

Essa imposição gramatical se deve ao fato de que, se unirmos preposição e artigo em construção como essa, surgirá uma distorção de sentido.

Assim, se dissermos:

Ela chorou antes do namorado chegar, daremos a impressão de que ela chorou antes **do namorado**, quando, na verdade, o namorado nem chorou...

Quem chorou foi ela.

E não foi antes do namorado, mas, sim, antes **de chegar** o namorado.

Por aí se percebe que a preposição "de" e o artigo "o" nada têm a ver um com o outro, já que a primeira se refere ao verbo "chegar", e o segundo se refere ao substantivo "namorado", não havendo, então, motivo algum para reuni-los num todo único.

Precisamos admitir, todavia, que a construção rigidamente de acordo com a gramática soa mal, e a tendência é a própria gramática ratificar a combinação da preposição com o artigo, já agora bastante generalizada.

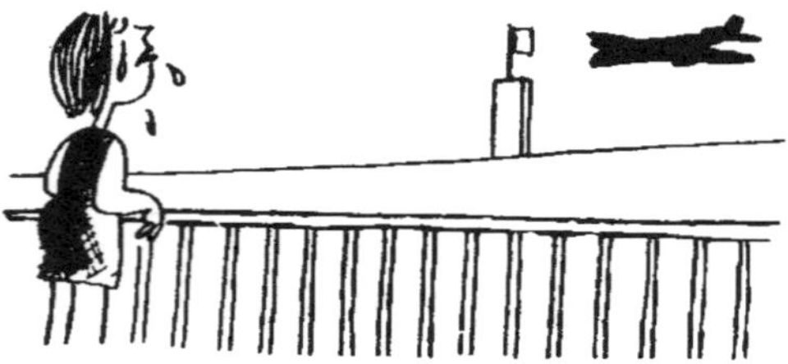

Enquanto isso não acontece de maneira definitiva, podemos manter a preposição e o artigo separados, sem, contudo, "ferir o ouvido".

Basta que se use, por exemplo, a seguinte ordem de termos: Antes de chegar o namorado, ela chorou.

AMOR IMPLICA RENÚNCIA...

Temos encontrado frequentemente, na imprensa, na correspondência e, às vezes, até em livros didáticos, o verbo "implicar" (significando "supor", "acarretar", "requerer") seguido pela preposição "em".

De acordo com a gramática, entretanto, tal verbo, nessa acepção, não exige preposição alguma.

Estão, pois, gramaticalmente erradas frases como:

Amor implica em renúncia.

Construir casa própria implica em muitos sacrifícios.

A demissão do diretor implicou na convocação da assembleia.

Corrija-se, dizendo:

Amor **implica renúncia**.

Construir casa própria **implica muitos sacrifícios**.

A demissão do diretor **implicou a convocação da assembleia**.

ASPIRAR / ASPIRAR A

"Aspirar", sem a preposição "a", significa "sorver", "absorver".

Exemplo:

O patrão aspirou o suave perfume da secretária.

"Aspirar", com a preposição "a", significa "desejar", "pretender".

Exemplo:

A secretária aspirava *a* um aumento de ordenado.

Outros exemplos:

Aspiramos o ar puro da serra.

Aspirei pó na viagem.

Aspiramos *a* um futuro melhor.

Ele aspirava *à* vitória.

A realização *a* que aspiramos é longínqua.

UM BALÃO PARA CADA OU UM BALÃO PARA CADA UM?

O normal é empregar a palavra "cada" seguida de substantivo.

Exemplos:

Haverá um balão para cada **criança**.

Foi distribuído um ingresso para cada **estudante**.

Custava três reais cada **maçã**.

A locução "cada um" (cada uma), porém, não deve ser seguida de substantivo.

Exemplos:

Haverá **um balão para cada um**.

Foi distribuído um ingresso para cada um.

As maçãs custavam três reais cada uma.

CERVEJA É BOM OU CERVEJA É BOA?

As expressões "ser bom", "ser ótimo" são invariáveis, quando tomadas de modo absoluto, isto é, quando não estão acompanhadas pelos artigos "o", "a", "os", "as".

Exemplos:

Cerveja é bom *no verão.*

Sulfa é ótimo *para o teu caso.*

Frutas é bom *para a saúde.*

Se, porém, o sujeito estiver determinado, isto é, acompanhado de artigo (ou de pronome adjetivo), tais expressões serão variáveis.

Exemplos:

A cerveja é boa *no verão.*

A sulfa é ótima *para teu caso.*

Estas frutas são boas *para a saúde.*

É CERTO EMPREGAR A EXPRESSÃO "COM NÓS"?

É.

Mas somente quando, depois dela, vierem as palavras "próprios", "todos", "outros" e "mesmos".

Diante dessas quatro palavras, não é aconselhável, gramaticalmente, que se use a expressão "conosco", porque, se a usarmos, teremos um som desagradável (cacófato): conoscopró, conoscotô, conoscoou, conoscomês.

Essa mesma orientação se aplica também à expressão "convosco".

COMUNICAMO-LHES OU COMUNICAMOS-LHES?

A construção gramaticalmente correta é a segunda, ainda que pareça mal sonora.

Essa história de cortar o "s" final do verbo, ao pospor-lhe um pronome oblíquo, só é válida para os pronomes "o", "a", "os", "as" e não para os pronomes "lhe", "lhes"!

Escrevamos, portanto, **consideramo-los**, **esperamo-la**; mas **comunicamos-lhes**, **oferecemos-lhe**...

CONCORDÂNCIA NOMINAL

Quando um único adjetivo aparece no fim de uma sequência constituída de substantivos cujos gêneros são diferentes, três coisas podem acontecer:

PRESTÍGIO MASCULINO

O adjetivo pode ir para o masculino plural, o que se constitui numa demonstração da supremacia do masculino, pelo menos na gramática.

Ainda que existam mil substantivos dos quais novecentos e noventa e nove são femininos, e apenas um é masculino, o adjetivo irá para o masculino e pronto!

Exemplos:

Tratava-se de canetas, borrachas e lápis **novos**.

Ela usava chapéu, saia e sandália **modernos**.

Tivemos um dia e uma noite **agitados**.

ATRAÇÃO

Também é gramaticalmente admissível que o adjetivo, por atração, venha a concordar com o substantivo mais próximo, ou seja, com o último substantivo da sequência.

Exemplos:

Tivemos um dia e uma noite **agitada**.

Ela usava sandália e chapéu **moderno**.

Comprou um carro e duas casas **novas**.

UM PADRE E UMA MOÇA SOLTEIRA

A concordância do adjetivo com o último substantivo da sequência deixará de ser apenas admissível e passará a ser obrigatória, quando estiver bem claro, de acordo com o sentido, que o adjetivo se refere exclusivamente àquele último substantivo.

Exemplos:

Viajavam, no último banco, um padre e uma moça **solteira**.

Vinham, pela calçada, duas jovens e um cãozinho **vira-lata**.

CONHECI E GOSTEI DE ISAURA OU CONHECI ISAURA E GOSTEI DELA?

O verbo "conhecer" não requer preposição: quem conhece conhece alguém ou alguma coisa.

Mas o verbo "gostar" pede a preposição "de": quem gosta gosta *de* alguém ou *de* alguma coisa.

Ora, colocando-se apenas um objeto regido pela preposição "de" após os dois verbos, tem-se a impressão de que essa preposição é requerida por ambos, quando, na verdade, apenas o segundo a exige.

Assim, do ponto de vista rigidamente gramatical, apresentam defeito de construção frases do tipo de:

Conheci e gostei de Isaura.

Vi e me apaixonei por Brasília.

Quero e preciso de mais tempo.

Amo e obedeço à Engrácia.

Queremos, gostamos e aspiramos à paz.

Para solucionar, gramaticalmente, o problema, deve-se repetir o objeto após cada verbo, respeitando-lhe a regência:

Conheci Isaura e gostei dela.

Vi Brasília e me apaixonei por ela.

Quero mais tempo e preciso disso.

Amo Engrácia e a ela obedeço (ou obedeço-lhe).

Queremos a paz, gostamos dela e a ela aspiramos.

CUSTEI A CONSEGUIR OU CUSTOU-ME CONSEGUIR?

O certo é "custou-me conseguir". **Pessoa** ou **pronome pessoal** não podem ser o sujeito do verbo "custar", quando esse significa "ser difícil", "ser demorado".

Estão, pois, gramaticalmente erradas construções como:

João custava a compreender os fatos.

Eu custei a conseguir um táxi.

Nós custaríamos a aceitar aquelas condições.

A polícia custou a prender o ladrão.

Custaste a me entender.

Para corrigir tais construções, toma-se por sujeito o verbo no infinitivo e transforma-se a pessoa ou pronome pessoal em objeto indireto:

Custava a João compreender os fatos.

Custou-me conseguir um táxi.

Custar-nos-ia aceitar aquelas condições.

Custou à polícia prender o ladrão.

Custou-te entender-me.

Se o verbo "custar", entretanto, significar "ser adquirido pelo preço de", aí sim admitirá como sujeito pessoa, animal ou coisa:

O jogador custou mais de 750 mil dólares.

O cavalo custaria quatrocentas libras.

DEPAROU O PERIGO OU DEPAROU COM O PERIGO?

Há autores que admitem o emprego do verbo "deparar" acompanhado da preposição "com".

Devemos saber, entretanto, que é também perfeitamente correto empregar esse verbo sem preposição alguma.

Exemplos:

Ele deparou o perigo.

Quando Joaquim deparou a sogra na esquina, perdeu a coragem.

Deparamos nosso adversário frente a frente.

SE ELE NÃO CONSEGUIR, QUE DIRÁ EU!

Na língua falada vulgar, é muito comum usar-se a expressão "que dirá" invariavelmente na terceira pessoa do singular.

Do ponto de vista gramatical, todavia, o verbo "dizer", no caso, deve concordar com o pronome pessoal que lhe serve de sujeito:

Se ele não conseguir, que **direi** eu!

Se tu, morando perto, chegas atrasado, que **diremos** nós!

Se nem o médico sabe qual é a doença, que **dirás** tu!

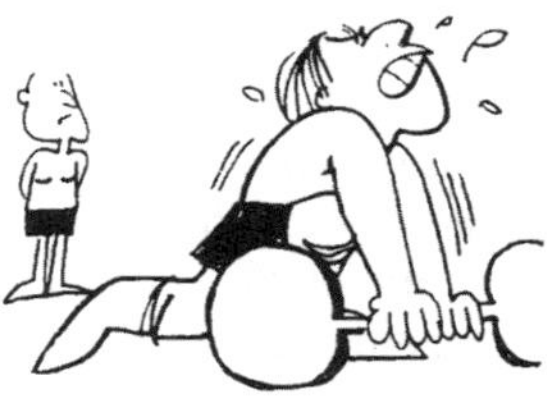

ENTRE EU E TU OU ENTRE MIM E TI?

O certo é **entre mim e ti**.

"Entre", no caso, é uma preposição e, antes dos pronomes "eu" e "tu", não se usa preposição.

Assim como não se diz "Ele pensou **em** eu e tu", e sim "Ele pensou **em** mim e ti", também não se deve dizer "Ele estava **entre** eu e tu", e sim "Ele estava **entre** mim e ti".

EU ESQUECI DO LIVRO, EU ESQUECI O LIVRO OU EU ME ESQUECI DO LIVRO?

A primeira construção está gramaticalmente errada. A segunda e a terceira estão corretas.

Para superar o problema, devemos conscientizar-nos de que o verbo "esquecer" é muito equilibrado, muito simétrico: ou exige duas coisas ou não aceita nenhuma delas.

Expliquemo-nos melhor:

a) Se dermos ao verbo "esquecer" um pronome oblíquo (me, te, se, nos, vos), também teremos que lhe dar a preposição "de" (do, da, dos, das).

b) Mas, se cortarmos o pronome oblíquo, também teremos que cortar a preposição.

Exemplos:

Eu **me** esqueci **do** livro.

Tu **te** esqueceste **do** convite.

Ela **se** esqueceu **do** lenço.

Nós **nos** esquecemos **da** festa.

Vós **vos** esquecestes **dos** documentos.
Ou:
Eu esqueci o livro.
Tu esqueceste o convite.
Ela esqueceu o lenço.
Nós esquecemos a festa.
Vós esquecestes os documentos.

ESSE OU ESTE?

Muitas têm sido as cartas que nos solicitam uma regra sobre o emprego dos demonstrativos "este" e "esse".

Na verdade, para esclarecer o problema, temos que referir diversas regras, visto que existem diversos aspectos a considerar. Vejamos:

VOCÊ VAI SAIR COM ESSE VESTIDO?

Quando se trata da **localização de seres no espaço**, devemos usar **este** (esta, isto) se nos referirmos a algo que esteja perto da pessoa que está falando.

Exemplo:
Esta minha gravata é moderna, Maria.
Nota:
Quem está falando sou eu; quem está ouvindo é Maria.

Como se supõe que a gravata está junto a mim (pessoa que está falando), utilizou-se a forma "esta".

Devemos empregar, porém, o demonstrativo **esse** (essa, isso), se nos referirmos a algo que esteja perto da pessoa com quem estamos falando.

Exemplo:
Você vai sair com **esse** vestido, Maria?

Nota:

Alguém está falando com Maria.

Supõe-se que Maria está usando o vestido a que se fez referência.

Ora, como o vestido está junto da pessoa com quem se está falando (no caso, Maria), utilizou-se a forma "esse".

NESTE ANO VOCÊ VAI ACERTAR NA LOTECA!

Quando se trata de **localização no tempo**, devemos empregar o demonstrativo **este** (esta, isto) em relação a um espaço de tempo **presente**, e o demonstrativo **esse** (essa, isso) em relação a um espaço de tempo **passado**.

Assim, "este ano" é o ano que está correndo, e "esse ano" é outro, anterior.

Exemplos:

Hoje é um dia de sorte; **neste** dia, vou rever Helena.

Ontem tive muitos aborrecimentos; não gosto de me lembrar **desse** dia.

Nas cartas, **este**, **esta** referem-se ao local em que se encontra o redator.

E **esse**, **essa** referem-se ao local em que se encontra o destinatário.

Assim, estando eu em Porto Alegre e desejando convidar um grupo de desportistas de Santa Maria para uma determinada competição, direi:

"**Esta** capital sentir-se-á honrada em contar com os representantes **dessa** cidade..."

MUITA GENTE PENSA QUE JUVENTUDE É ISTO: IRREVERÊNCIA! MAS JUVENTUDE NÃO É NADA DISSO!

Nas dissertações comuns, isto é, que não se enquadram em nenhum dos casos propostos anteriormente, usam-se **esse**, **essa**, **isso** em relação a algo que o leitor ou o ouvinte já sabe o que é.

Exemplo:

O amor é importante; **isso** (ou seja, **que o amor é importante**) não devemos esquecer.

Usam-se **este**, **esta**, **isto** em relação a algo que, só depois, o leitor ou o ouvinte ficará sabendo o que é.

Exemplo:

Não esqueça **isto**: o amor é importante.

Nota:

Não há, nas obras literárias, grande rigor na distinção de "este", "esta", "isto" e "esse", "essa", "isso", o que se explica face à predominância dos valores estilísticos sobre os valores gramaticais.

OS ESTADOS UNIDOS CONQUISTARAM A LUA OU OS ESTADOS UNIDOS CONQUISTOU A LUA?

Os nomes de países, estados e cidades, quando pluralizados, levam o verbo necessariamente para o plural nas construções em que estão determinados, isto é, antecedidos de artigo.

Exemplo:

Os Estados Unidos **conquistaram** a Lua.

Usa-se, porém, o verbo no singular, quando o termo não está determinado.

Exemplos:

Buenos Aires é uma cidade muito bonita.

Estados Unidos é um exemplo de progresso tecnológico.

AS EXPRESSÕES DE TRATAMENTO

Muita gente pensa que as expressões de tratamento são infinitamente numerosas e, por isso, desiste de estudá-las.

Na verdade, há muitos adjetivos em grau superlativo de uso frequente (digníssimo, meritíssimo, excelentíssimo, ilustríssimo, etc.), mas expressões de tratamento propriamente (ou seja, aquelas que se usam introduzidas pelos possessivos "sua" ou "vossa") são poucas.

Ei-las:

Sua ou Vossa Senhoria (para os funcionários públicos graduados).

Sua ou Vossa Excelência (para as altas autoridades do Governo).

Sua ou Vossa Alteza (para os príncipes).

Sua ou Vossa Majestade (para os reis).

Sua ou Vossa Santidade (para o Papa).

Sua ou Vossa Eminência (para os cardeais, bispos e arcebispos).

Sua ou Vossa Reverendíssima (para os sacerdotes em geral).

Sua ou Vossa Magnificência (para o Reitor da Universidade).

Nota:

De todas as expressões anteriores, apenas Vossa Senhoria já tem seu uso generalizado, independentemente do cargo ou função ocupados pela pessoa a quem a atribuirmos.

AS ABREVIATURAS

É também do interesse de qualquer redator cuidadoso conhecer as abreviaturas das expressões de tratamento de acordo com a exata convenção gramatical.

Tais abreviaturas, mantendo-se a ordem em que foram propostas anteriormente, são:

S.Sª ou V.Sª

S. Exª ou V. Exª

S. A. ou V. A.

S. M. ou V. M.

S. S. ou V. S.

S. Emª ou V. Emª

S. Rev.^{ma} ou V. Rev.^{ma}

S. Magª ou V. Magª

ABREVIATURAS DAS EXPRESSÕES DE TRATAMENTO NO PLURAL

É fácil pluralizar essas abreviaturas.

Quando existe letra sobreposta, põe-se um "s" ao lado dela.

Exemplo:

Vossas Senhorias: V. S.as

Quando não existe letra sobreposta, dobram-se as letras, colocando-se ponto após cada par.

Exemplo:

Vossas Majestades: VV. MM.

TINHA EXPULSO OU TINHA EXPULSADO?

Existem verbos que têm duplo particípio. Exemplos:

ACENDER: acendido e aceso.

COMPLETAR: completado e completo.

EXPULSAR: expulsado e expulso.

SUBMERGIR: submergido e submerso.

SUSPENDER: suspendido e suspenso.

Normalmente, o particípio regular desses verbos (terminado por "DO") emprega-se com os auxiliares ""TER" e "HAVER".

Exemplo:

A mulher **tinha expulsado** o marido de casa.

A mulher **havia expulsado** o marido de casa.

E, com os auxiliares "SER" e "ESTAR", emprega-se o particípio irregular.

Exemplos:

O marido **foi expulso** de casa.

O marido **estava expulso**.

FALAR CONSIGO

"Falar consigo" é a pessoa **falar com ela mesma**.

A expressão "consigo" é reflexiva, ou seja, só devemos empregá-la, quando se refere ao próprio sujeito da oração.

Exemplo:

Sozinho, ele discutia consigo mesmo as razões de seu insucesso.

Estaria, porém, gramaticalmente errado dizermos, por exemplo:

Petrônia, eu preciso falar consigo.

No caso, o sujeito é "eu", e a expressão "consigo" refere-se a Petrônia.

Corrija-se, dizendo:

Petrônia, eu preciso falar-lhe.

Petrônia, eu preciso falar com você.

FALAR E DIZER

Segundo a tradição gramatical, quem fala fala **de**, ou fala **sobre**, ou fala **para**, ou fala **a**; enfim, o verbo falar exige preposição.

Não está, portanto, de acordo com a gramática, por exemplo, a construção:

"Ele falou que chegaria atrasado", pois, no caso, o verbo em pauta foi empregado sem preposição.

Corrige-se, substituindo o verbo "falar" pelo verbo "dizer":

"Ele disse que chegaria atrasado".

Nota:

O verbo "falar" dispensa, entretanto, a preposição, quando tem por objeto um idioma ou a palavra "verdade".

Exemplos:

Falar francês.

Falar inglês.

Falar português.

Quem fala verdade não merece castigo.

O FATO VAI SE REPETIR OU O FATO VAI-SE REPETIR?

O pronome oblíquo não deve ficar solto entre dois verbos.

Estão, pois, erradas construções do tipo de:

O fato vai se repetir.

Os torcedores foram se retirando.

Os voluntários tinham se apresentado.

Para corrigi-las, reúne-se o pronome oblíquo à forma verbal anterior por meio de um tracinho:

O fato vai-se repetir.

Os torcedores foram-se retirando.

Os voluntários tinham-se apresentado.

FAZEM ANOS QUE NOS CONHECEMOS OU FAZ ANOS QUE NOS CONHECEMOS?

O verbo "fazer", indicando tempo (minutos, horas, dias, semanas, meses, anos), é impessoal, ou seja, permanece sempre na terceira pessoa do singular.

Exemplos:

Faz anos que nos conhecemos.

Faz duas semanas que não a vejo.

Faz dez minutos que ela saiu.

Fazia meses que não nos encontrávamos.

Nota:

Os termos "anos", "duas semanas", "dez minutos" e "meses", que parecem funcionar como sujeito, são, na verdade, objeto direto.

FUI EU QUEM GANHEI OU FUI EU QUEM GANHOU?

O lógico é usar-se a segunda construção.

"Fui eu quem ganhou" equivale a "Fui eu aquele que ganhou".

Daí o fato de o verbo "ganhar" ir para a terceira pessoa, visto que concorda com o termo "quem" e não com o termo eu.

A primeira construção não é, porém, proibitiva, porquanto os próprios clássicos a empregam.

Exemplo:

"És tu quem dás rumor à quieta noite". (Gonçalves Dias).

GANHO, GASTO E PAGO.

Na linguagem contemporânea, segundo o depoimento de eminentes gramáticos, estão fora de uso as formas "ganhado", "gastado" e "pagado", não só com o auxiliar "ser", mas também com o auxiliar "ter".

Estão, pois, superadas construções como: Nós teríamos ganhado a partida. Ele tinha gastado o tempo inutilmente. Tínhamos pagado tudo o que devíamos.

Prefira-se dizer:

Nós teríamos **ganho** a partida.

Ele tinha **gasto** o tempo inutilmente.

Tínhamos **pago** tudo o que devíamos.

HOJE SÃO 30 DE NOVEMBRO!

Nada de dizer "Hoje é 30 de novembro", supondo-se que o verbo concorde com a palavra "dia", subentendida. Em construções desse tipo, o verbo "ser" concorda com o número que lhe é posterior e só fica no singular se esse número corresponde apenas à unidade.

Exemplo:

Hoje é primeiro de novembro.

Caso, porém, se trate de número superior a um, o verbo vai para o plural.

Exemplos:

Hoje *são 30 de novembro.*

Eram sete de setembro, quando o Brasil ficou independente.

Nota:

Se preferirmos empregar a palavra "dia", expressamente, então, sim, o verbo concordará com ela, ficando, é óbvio, no singular: Hoje é dia 30 de novembro.

HAJAM VISTA SUAS MÉDIAS.

A expressão "haja vista" pode ser usada sempre no singular, mas é também correto fazermos o verbo "haver" concordar com o substantivo posterior, o qual passa, no caso, a ser considerado sujeito.

Exemplos:

Ele é um bom aluno: haja vista sua média.

Ele é um bom aluno: hajam vista suas médias.

Nota:

É também usual a forma "haja em vista".

Além disso, o uso consagrou o fato de acrescentarmos às locuções "haja vista" ou "haja em vista" a preposição "a": haja vista a, haja em vista a.

HOUVE PROBLEMAS COM OS JOGADORES OU HOUVERAM PROBLEMAS COM OS JOGADORES?

O verbo "haver", quando significa "existir", é invariável, ou seja, permanece sempre no singular.

Exemplos:

Houve problemas com os jogadores.

Motivos haveria para isso, mas os ignoramos.

Não haverá novas oportunidades.

Se houvesse recursos, teríamos vencido.

É necessário cautela, para que não haja complicações.

A causa de o verbo "haver", quando significa "existir", ficar invariável prende-se ao fato de que, nessa acepção, ele é um verbo impessoal, isto é, um verbo que não tem sujeito e, portanto, não tem com que concordar.

Os termos "problemas", "motivos", "novas oportunidades", "recursos" e "complicações", que, nos exemplos anteriores, parecem ser sujeitos, são, na verdade, objeto direto. O sujeito, nesse caso, não existe.

DOENÇA CONTAGIOSA

A impessoalidade verbal é uma doença contagiosa, ou seja, quando um verbo impessoal aparece junto com outro, ele transmite sua "doença" ao companheiro, deixando-o também impessoal.

Exemplos:

Protestos **podia haver**, mas não agressividade.

Deve haver motivos para isso.

Note-se que o verbo "haver", nos exemplos anteriores, está no singular, porque significa "existir" e, consequentemente, é impessoal.

Note-se, ainda, que os verbos "poder" e "dever", que nada tinham a ver com isso, também ficaram impessoais.

IR AO ENCONTRO DE

"Ir ao encontro de" significa "aproximar-se" ou "concordar".

Exemplos:

O jovem foi ao encontro da moça e abraçou-a com ternura.

(O jovem aproximou-se da moça e abraçou-a com ternura.)

Eles viviam às mil maravilhas, pois as ideias de um iam ao encontro das ideias do outro.

(Eles viviam às mil maravilhas, pois as ideias de um concordavam com as ideias do outro.)

IR DE ENCONTRO A

"Ir de encontro a" significa "ir contra", "discordar"

Exemplos:

A camioneta foi de encontro ao muro. (A camioneta foi contra o muro.)

Eles viviam brigando, pois as ideias de um iam de encontro às ideias do outro. (Eles viviam brigando, pois as ideias de um iam contra as ideias do outro.)

IR AO DENTISTA / IR NO DENTISTA

"Ir a" é "ir rumo a", "em direção a", "até..."

"Ir no" é "ir dentro de", "servindo-se de".

Exemplo:

Fui **ao** dentista **no** carro de Antônio. (Isto é: fui **até** o dentista, **servindo-me do** carro de Antônio.)

E QUE TUDO MAIS VÁ PARA O INFERNO!

Em se tratando do verbo "ir", de acordo com o "temperamento" da língua portuguesa, o normal é usar-se a preposição "para", quando se supõe que não haverá retorno.

Exemplos:

Ele morreu: foi para o céu.

Margarida separou-se do marido e foi para a casa da mamãe.

E que tudo mais vá para o inferno!

Ele vai para São Paulo fixar residência.

Usa-se, entretanto, a preposição "a", quando se supõe retorno.

Exemplos:
Amanhã iremos ao cinema.
Vou à missa todos os domingos.
Margarida foi à casa da mamãe levar-lhe um presente.
Ele foi a São Paulo em gozo de férias.

A MAIORIA DOS ALUNOS FOI A FAVOR OU A MAIORIA DOS ALUNOS FORAM A FAVOR?

O verbo deve concordar com o sujeito.

E o sujeito não pode ser preposicionado.

Sendo assim, está fora de padrão a frase "A maioria dos alunos foram a favor da professora", pois o verbo estaria concordando com o termo "alunos", o qual não pode ser o sujeito, porque vem antecedido pela preposição "de".

Na verdade, o sujeito, no caso, é "a maioria" (singular) e não "alunos" (plural).

Do ponto de vista puramente gramatical, portanto, deve-se dizer:

"**A maioria** dos alunos **foi** a favor da professora".

Nota:

Estilisticamente, é defensável manter o verbo no plural, levando-se em conta a ideia de pluralidade contida no termo "maioria".

Tememos, entretanto, que o aluno faça isso não por consciência estilística, e sim por inexperiência sintática.

MAIS BEM PREPARADO OU MELHOR PREPARADO?

O certo, no caso, é "mais bem preparado".

Há quem pense que, em português, nunca se pode empregar a expressão "MAIS BEM".

Grande engano!

Existe um caso em que, de acordo com a gramática, devemos empregar a expressão "MAIS BEM".

Isso acontece quando, após essa expressão, vem um verbo no particípio (preparado, desenhada, vestido, proposto, etc.)

Exemplos:

Nosso time está mais bem preparado.

A paisagem ficou mais bem desenhada.

Ele era o homem mais bem-vestido da cidade.

O assunto ficou mais bem proposto.

Mas o caso anterior é o ÚNICO em que se deve usar a expressão "mais bem". Fora disso, usa-se só "melhor".

Exemplos:

Maria veste-se melhor do que as outras.

Ele joga melhor do que eu.

É CERTO DIZER MAIS GRANDE, E TAMBÉM É CERTO DIZER MAIS PEQUENO.

É certo, sim.

Mas somente quando nos referimos a duas qualidades de um mesmo ser.

Exemplos:

Essa casa é mais grande do que confortável.

O quarto era mais pequeno do que acolhedor.

Fora disso, entretanto, usam-se, exclusivamente, as formas "maior" e "menor".

Exemplos:

Essa casa é maior do que aquele apartamento.

O quarto era menor do que a sala.

ELA MANDOU ENTRAREM OS CONVIDADOS OU ELA MANDOU ENTRAR OS CONVIDADOS?

Quando dois verbos se reúnem, se os sujeitos são diferentes, ambos podem variar, concordando cada um com seu respectivo sujeito.

Exemplo:

Ela mandou entrarem os convidados.

O sujeito de "mandou" é "ela", e, por isso, o verbo ficou no singular, mas o sujeito de "entrarem" é "os convidados", e, por isso, o verbo ficou no plural.

Entretanto, se o sujeito dos dois verbos for o mesmo, apenas o primeiro verbo concordará com esse sujeito; o segundo permanecerá invariável. Exemplo: **Vocês podem entrar.**

O sujeito de "podem" e de "entrar" é "vocês".

Daí por que não é necessário marcar o fato nos dois verbos; basta que se faça isso quanto ao primeiro.

"MAS PORÉM"

É muito comum, na linguagem popular, o uso da expressão "mas porém".

Exemplo:

Quero um carro desse tipo, mas porém usado.

Tal fato resulta da completa alienação relativamente ao significado dessas duas palavras.

"Mas" e "porém" são sinônimos, de modo que dizer "mas porém" equivale a dizer "mas mas".

A propósito, também são sinônimos de "mas" os vocábulos "entretanto", "no entanto", "contudo" e "todavia".

MEIO-DIA E MEIO OU MEIO-DIA E MEIA?

O certo é dizer "meio-dia e **meia**", pois o termo "meia" se refere à palavra feminina "hora" que está subentendida.

Ao dizermos "meio-dia e meia", queremos dizer "meio-dia mais meia hora".

DUAS METADES IGUAIS, DUAS METADES, OU METADES?

Ao usarmos a palavra "metades", não há necessidade alguma de dizermos "duas" (porque metades sempre são duas) nem "iguais" (porque, sendo metades, são necessariamente iguais).

Diga-se, portanto: "Dividiram a casa em metades" ou "Dividiram a casa em duas partes iguais".

EU MORO NA RUA.

Certo!

O correto é dizer "Eu moro **na** rua Olavo Bilac" e, não, "Eu moro à rua Olavo Bilac".

Facilmente compreenderemos essa norma se substituirmos "rua" por "bairro".

Ninguém diz, por exemplo, "Eu moro ao bairro São João" e, sim, "Eu moro no bairro São João".

A mesma orientação deve ser aplicada a "residir", "residente" e "sito".

Exemplos:

José Fontoura, residente na rua Barão do Triunfo...

Banco Francês e Brasileiro, sito na rua Dr. Flores...

MUITO OBRIGADO PELA ATENÇÃO... OU MUITO OBRIGADA PELA ATENÇÃO?

O certo, no caso, é "muito **obrigada** pela atenção...".

O termo "obrigado" é um adjetivo e, por conseguinte, tem que concordar com o gênero do ser a que se refere.

Assim, a mulher deve dizer "obrigada", "muito obrigada", enquanto o homem dirá "obrigado", "muito obrigado".

Inclusive, se nos referirmos a mais de uma pessoa, usaremos o adjetivo no plural: obrigados ou obrigadas. Entretanto, nesse caso, é preferível trocar para gratos, gratas, agradecidos, agradecidas.

NONO E DÉCIMO ANDAR OU NONO E DÉCIMO ANDARES?

As duas construções estão corretas. Em se tratando de uma sequência de numerais, quando o substantivo (no caso, "andar") ao qual eles se referem, vem no fim, pode ficar no singular ou ir para o plural.

Exemplos:

Subiram até o nono e décimo andar (ou andares).

O professor ofereceu um livro ao primeiro e ao segundo aluno (ou alunos) da classe.

Foi enquadrado no sétimo e oitavo artigo (ou artigos) do regimento interno.

Nota:

Se, porém, o substantivo vier *antes* dos numerais, ficará sempre no plural.

Exemplos:

Subiram até os **andares** nono e décimo.

Foi enquadrado nos **artigos** sétimo e oitavo.

OBEDEÇA AOS SINAIS DE TRÂNSITO!

O verbo "obedecer" exige a preposição "a".

De acordo com a gramática, devemos dizer:

Obedeça aos sinais de trânsito!

Obedeçamos à lei.

As normas a que obedecemos foram discutidas por todos.

O QUE A MULHER MAIS FAZ QUESTÃO É A FIDELIDADE OU O QUE A MULHER MAIS FAZ QUESTÃO É DA FIDELIDADE?

Nenhuma construção está correta.

A primeira está errada, porque quem faz questão faz questão "de" alguma coisa, e a preposição "de" não consta na frase.

A segunda também está errada, porque a preposição "de" foi atribuída ao verbo "ser" que, por sinal, não a exige.

A construção certa, gramaticalmente, é:

"O **de** que a mulher mais faz questão é a fidelidade", ou seja:

"**Aquilo** [do qual a mulher mais faz questão] **é a fidelidade**".

Nota:

Embora o correto, sob perspectiva puramente gramatical, insistimos, seja usar a terceira construção, pode a mesma ser preterida pelos mais diversos motivos: razões estéticas (já que não soa bem), objetividade (já que, sem preposição ou com preposição mal colocada, a comunicação se efetua igualmente) ou até simples ignorância sintática.

O BANCO PAGARÁ AOS PROFESSORES!

O verbo **pagar** pede objeto indireto (substantivo antecedido pela preposição **a** ou pronomes **lhe**, **lhes**), quando o pagamento se refere a pessoas.

Exemplos:

O Banco pagará **aos** professores.

Ele pagou **aos** operários.

O patrão pagava **à** secretária com atraso.

Eu **lhe** pagarei amanhã.

ELE PAGARÁ OS PECADOS.

Se, porém, o ser ao qual se refere o pagamento não for pessoa, então o verbo "pagar" exigirá objeto direto (substantivo não preposicionado ou pronomes "o", "a", "os", "as").

Exemplos:

Ele pagará *os pecados*.

Eu devia muito dinheiro e paguei-o com juros.

PARA EU OU PARA MIM?

Devemos dizer **para eu**, quando, após essa expressão, existir um verbo no infinitivo.

Exemplo:

Empreste-me esse livro para eu **ler**.

Devemos dizer **para mim**, quando, após essa expressão, não existir verbo no infinitivo.

Exemplo:

Empreste esse livro para **mim**.

Essa mesma norma se aplica às expressões "para ti" e "para tu". Exemplo:

Aquele livro era para ti ou apenas para tu leres?

Nota:

Às vezes, por troca de ordem, o infinitivo, que não devia estar após esses pronones, acaba por ocupar essa posição, e, nesse caso, mantêm-se as formas "mim" ou "ti". Exemplo:

Para mim ir ou ficar não faz diferença.

(= Ir ou ficar não faz diferença para mim.)

PARA SI OU PARA VOCÊ?

O pronome "si" é reflexivo, ou seja, só deve ser empregado quando se refere ao próprio sujeito da oração.

Exemplos:

Por que **você** não fica com o livro **para si**?

Ele precisa pensar **em si** e nos seus.

Se, porém, não se referir ao sujeito da frase, o pronome "si" deverá ser substituído por "você" ou "lhe".

Está, pois, errada a construção "Eu trouxe este cachorrinho para si", visto que, no caso, "para si" não se refere ao sujeito "eu", e sim à pessoa para a qual o sujeito trouxe o cachorrinho.

Corrija-se, dizendo:

Eu trouxe este cachorrinho para você.

Eu lhe trouxe este cachorrinho.

PARECEM ESTAR ASSUSTADOS OU PARECE ESTAREM ASSUSTADOS?

As duas construções são corretas.

Quando o verbo **parecer** se reúne a outro, apenas um deles deve variar, ficando a escolha totalmente a critério do redator.

Exemplos:

"Eles **parecem** estar assustados" ou "Eles parece **estarem** assustados".

"As estrelas **pareciam** brilhar" ou "As estrelas parecia **brilharem**".

"**Pareces** estar cansado" ou "Parece **estares** cansado".

ELA O PERDOA OU ELA LHE PERDOA?

O verbo "perdoar" pede objeto indireto (pronome "lhe" ou substantivo antecedido pela preposição "a"), quando dirigimos nosso perdão a **pessoas**.

Exemplos:

Ela gostava de Telmo e sempre **lhe** perdoava.

Eu **lhes** perdoo, porque vocês são meus amigos.

Maria, você sabe que nunca **lhe** perdoarei.

Joãozinho jamais perdoava **ao irmão** mais velho.

Se, porém, o ser a quem dirigimos nosso perdão **não for pessoa**, o verbo "perdoar" exigirá objeto direto (pronomes "o", "a" ou substantivo não preposicionado).

Exemplos:

Ela detestava aqueles insultos, mas **os** perdoava.

Essa dívida é muito grave: eu não **a** perdoarei.

Era um crime provado, e a Justiça não **o** perdoaria.

Joãozinho não perdoava **o orgulho** do irmão mais velho.

Cabe ao sacerdote perdoar **os pecados**.

ELAS SÃO O MAIS BELAS POSSÍVEIS OU ELAS SÃO O MAIS BELAS POSSÍVEL?

O correto é dizer-se: Elas são **o mais** belas **possível**.

O fato de o adjetivo "possível" ficar no singular deve-se, no caso, ao sentido da construção.

Ao dizermos "Elas são o mais belas possível", queremos dizer "Elas são belas **o mais** (o máximo) que é possível".

Igual atitude devemos assumir quanto à concordância em construções análogas:

As soluções eram **o mais** complicadas **possível**.

Os exames seriam **o mais** difíceis **possível**.

As tarefas foram **o mais** sutis **possível**.

Observe-se que, em todas as construções anteriores, a expressão "o mais" apresenta o artigo "o" no singular e significa "o máximo".

Se, porém, passarmos o artigo para o plural, ou seja, se dissermos "os mais", "as mais", então o termo "possível" também irá para o plural:

Elas eram **as mais** belas **possíveis**. Os exames seriam **os mais** difíceis **possíveis**. As tarefas foram **as mais** sutis **possíveis**.

CONTINUAREI FALANDO, POSTO QUE NINGUÉM ME OUÇA!

A locução "posto que", normalmente, leva o verbo para o modo subjuntivo e significa " embora".

Exemplo:

Continuarei falando, *posto que* ninguém me ouça.

Isto é: Continuarei falando, *embora* ninguém me ouça.

Na linguagem moderna, todavia, também se está usando "posto que" na acepção de "porque".

Mas, nesse caso, o verbo vai para o modo indicativo.

Exemplo:

"E assim, quando mais tarde me procure
Quem sabe a morte, angústia de quem vive
Quem sabe a solidão, fim de quem ama
Eu possa me dizer do amor (que tive):
Que não seja imortal, *posto que é chama*
Mas que seja infinito enquanto dure."
(Vinícius de Morais – "Soneto da Fidelidade")

Isto é: "Eu possa me dizer do amor (que tive):
Que não seja imortal, *porque é chama*
Mas que seja infinito enquanto dure".

PREFERIMOS A RETRANCA À DERROTA!

Quem prefere prefere uma coisa **a** outra e, não, do que outra.

Exemplos:

Errado:

Preferimos a retranca do que a derrota.
Prefiro um bom livro do que um mau filme.
É preferível o cansaço do que o tédio.

Certo:

Preferimos a retranca **à** derrota.

Prefiro um bom livro **a** um mau filme.
É preferível o cansaço **ao** tédio.

PROCEDER UM LEVANTAMENTO OU PROCEDER A UM LEVANTAMENTO?

O verbo **proceder**, significando "efetuar", "realizar", exige a preposição **a**.

Exemplos:

Procedemos a um levantamento da situação.
Procedeu-se ao inventário dos objetos.
O inquérito a que procedemos alcançou seu objetivo.

PROIBIDA ENTRADA OU PROIBIDO ENTRADA?

O termo "proibido" será variável, quando a palavra a que ele se refere estiver determinada.

Exemplos:

Proibida **a** entrada!
A entrada é proibida.
Proibida **a** passagem.
Esta passagem é proibida.

Fora disso, porém, o termo "proibido" fica, invariavelmente, no masculino.

Exemplos:

Proibido entrada!
Entrada proibido.
Proibido passagem.
Passagem proibido.

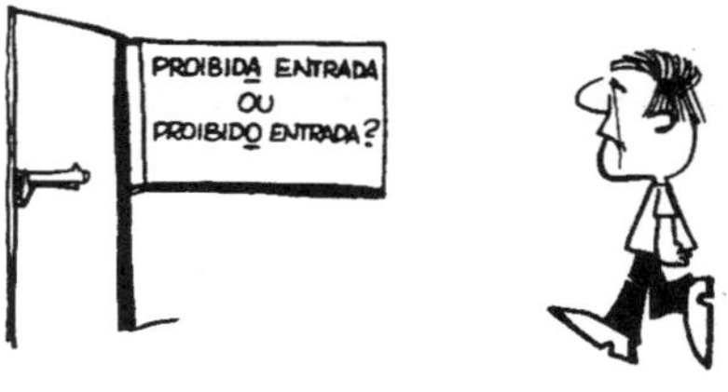

PULO / PU-LO

Pulo todo o mundo sabe o que é. **Pu-lo**, por sua vez, é o que resulta quando juntamos a forma verbal **pus** (verbo "pôr") e o pronome pessoal oblíquo **o**: pus + o = pu-lo.

Aliás, sempre que colocamos os pronomes oblíquos **o**, **a**, **os**, **as** após formas verbais, podemos deparar combinações completamente inesperadas as quais estão previstas, gramaticalmente, pelas três seguintes normas:

1) Se a forma verbal terminar por **r**, **s**, ou **z**, suprimem-se essas letras e coloca-se um **l** antes do pronome oblíquo.

Exemplos:
querer + o = querê-lo (com acento)
queres + o = quere-lo (sem acento)
fiz + o = fi-lo

2) Se a forma verbal terminar por **m** ou ditongo nasal (**ão**, **õe**), coloca-se **n** antes do pronome oblíquo.

Exemplos:
mandam + o = mandam-no
dão + o = dão-no
põe + o = põe-no

3) Em todos os demais casos, simplesmente acrescentamos o pronome oblíquo ao verbo, sem que isso provoque qualquer transformação.

Exemplos:
mando + o = mando-o
fizeste + o = fizeste-o

Damos, a seguir, a conjugação completa de alguns tempos verbais para evidenciar o caráter excêntrico que a forma verbal assume em tais circunstâncias:

quero + o = quero-o
queres + o = quere-lo
quer + o = qué-lo
queremos + o = queremo-lo
quereis + o = querei-lo
querem + o = querem-no
pus + o = pu-lo
puseste + o = puseste-o
pôs + o = pô-lo
pusemos + o = pusemo-lo
pusestes + o = puseste-lo
puseram + o = puseram-no

É claro que a maioria dessas combinações, embora rigorosamente corretas de acordo com a gramática, são frequentemente evitadas na linguagem cotidiana, e até na linguagem literária, por estranhas ou mal sonoras, sendo fácil transmitir a mesma ideia por meio de outra construção.

QUAL DE VÓS QUEREIS ENTRAR OU QUAL DE VÓS QUER ENTRAR?

Ao empregarmos a expressão "qual de vós", devemos ficar atentos ao termo "qual". Se esse termo estiver no singular, o verbo será obrigado a concordar com ele.

Exemplo: **Qual** de vós **quer** entrar?

Todavia, se o termo "qual" estiver no plural, o verbo poderá concordar com esse termo ou com o complemento "vós".

Exemplos:

Quais de vós **querem** entrar?

Quais de **vós quereis** entrar?

QUERER / QUERER BEM

O verbo **querer**, no sentido de "querer bem", "estimar", exige a preposição **a**.

Exemplo:

Quero muito **aos** meus pais.

Caso se trate de terceira pessoa, o pronome a utilizar deverá ser "lhe" ("lhes").

Exemplo:

Quero-**lhe** de todo o meu coração.

Fora da acepção anterior, porém, o verbo "querer" não exige preposição, e os pronomes a utilizar deverão ser "o", "a", "os", "as".

Exemplos:

Não quero **o** livro: está desatualizado.

Retire os livros desse lugar: não **os** quero aqui.

RESPONDEREI ESTA CARTA OU RESPONDEREI A ESTA CARTA?

A construção correta é a segunda.

O verbo **responder** exige a preposição **a**.

Exemplos:

Respondemos **ao** ofício de Vossa Excelência.

Respondi **a** todas as perguntas.

As cartas **a** que respondi eram cordiais.

SÃO MEIA NOITE E MEIA, É MEIA NOITE E MEIA OU É MEIA-NOITE E MEIA?

A construção correta é a terceira.

Tratando-se de duas ou mais unidades, temos, evidentemente, ideia de pluralidade, e, nesse caso, o verbo "ser" vai para o plural.

Exemplos:

São três horas.

São oito horas.

Já são duas noites que passo acordado.

Mas, na expressão **meia-noite e meia**, não chegamos a ter, sequer, uma noite inteira e sim meia-noite mais meia hora.

Daí por que não se justifica levar o verbo ao plural.

Além disso, cabe frisar que é de rigor o uso do hífen nas expressões "meio-dia" e "meia-noite", estando, por isso, errada a segunda construção.

SERVEM AS DUAS...

Há verbos que admitem, facultativamente, duas construções, ou seja, podem ser empregados com preposição ou sem ela.

Entre eles, salientaríamos: usar, fazer, cumprir, gozar, puxar...

Do ponto de vista puramente gramatical, é indiferente dizermos, por exemplo:

"Usou malícia" ou "Usou de malícia", "Cumpri minha obrigação" ou "Cumpri com minha obrigação", "Ela fez que eu compreendesse" ou "Ela fez com que eu compreendesse", "Gozamos boa saúde" ou "Gozamos de boa saúde", "Puxou a espada" ou "Puxou da espada".

SURGIRAM PROBLEMAS NA APRESENTAÇÃO DO CONJUNTO.

O simples fato de colocar o sujeito depois do verbo leva certos alunos a deixarem de fazer a concordância.

Isso acontece, em geral, com verbos intransitivos, a exemplo de "surgir", "abrir", "começar", "aparecer", etc.

Exemplos:

Surgiu problemas na apresentação do conjunto.

Abriu, hoje, as inscrições para o Vestibular.

Amanhã começa as férias.

Só no fim é que apareceu os culpados.

Caímos nesse erro por simples descuido ou, então, somos vítimas da falsa impressão de que o elemento posterior ao verbo seja o objeto direto e não, propriamente, o sujeito, com o qual o verbo está obrigado a concordar.

Concorre para isso o fato de estarmos acostumados a identificar o objeto direto mediante a pergunta "o quê?", feita após o verbo: "surgiu o quê?", "abriu o quê?", "começa o quê?", "apareceu o quê?".

É preciso ponderar, entretanto, que essa pergunta não tem valor algum quando o verbo forma sentido completo, como é o caso dos verbos propostos nas construções do tipo das que foram apresentadas.

O elemento que dá impressão de ser o objeto é, na verdade, o sujeito.

Está posposto ao verbo, mas isso não é o bastante para eliminar-se a concordância.

Diga-se, portanto:

Surgiram problemas na apresentação do conjunto.

Abriram, hoje, **as inscrições** para o Vestibular.
Amanhã **começam as férias**.
Só no fim é que **apareceram os culpados**.

OS FILHOS SÃO <u>TAL QUAL</u> OS PAIS OU OS FILHOS SÃO <u>TAIS QUAIS</u> OS PAIS?

Em construções desse tipo, temos duas orações, de tal modo que o termo "tal" concorda com o sujeito da primeira, e o termo "qual" concorda com o sujeito da segunda.

Exemplos:

O **filho** é tal qual o **pai**.
Os **filhos** são tais qual o **pai**.
Os **filhos** são tais quais os **pais**.

TENHO <u>DE</u> TRABALHAR OU TENHO <u>QUE</u> TRABALHAR?

É facultativo usar "ter de" ou "ter que".

Houve tempo em que se discutiu muito esse assunto, mas, atualmente, as bibliografias dão validade às duas construções, e o redator pode escolher, tranquilamente, a que lhe soar melhor no momento.

TERMO FANTASMA

Normalmente, o verbo ou os pronomes pessoais (ele, ela, eles, elas) devem concordar com um termo que tenha sido escrito anteriormente.

Temos notado, porém, que alguns alunos fazem o verbo ou o pronome concordar com um termo "fantasma", isto é, um termo que não consta no trecho.

Exemplos:

A **juventude** moderna é anticonvencional. **Eles** se revoltam contra os adultos e contra o passado.

O **homem** sempre almeja um futuro melhor. Com esse objetivo, **trabalham** constantemente.

No primeiro exemplo, a palavra "eles" não está concordando com nenhum termo anteriormente escrito.

Já que foi usado o termo **juventude**, dever-se-ia usar, logo adiante, o termo **ela** (e não "eles").

No segundo exemplo, o verbo "trabalham" também não está concordando com nenhum termo anteriormente escrito.

Já que se usou antes a palavra **homem** (singular), dever-se-ia usar, logo adiante, o verbo igualmente no singular: **trabalha**.

Pode ser que, entre um e outro lance do trecho, o redator tenha pensado na palavra "jovens" ou na palavra "homens", mas é preciso ponderar que, em tese, não se pode fazer concordância com um termo em que apenas se pensou, pois esse não constará no papel e, para o leitor, será um termo invisível, um termo "fantasma"...

TITULAR E RESERVA

O verbo **haver**, significando "existir", é impessoal, ou seja, fica sempre no **singular**.

Exemplos:

Lugares **havia**, mas faltava público.

Não **haverá** outros problemas.

Se **houver** reclamações, anotá-las-emos.

Haveria três oportunidades para cada um.

Mas o próprio verbo **existir**, que é o "titular" desse significado, NÃO É IMPESSOAL!

Ao contrário, é um verbo muito bem-comportado que concorda, certinho, com seu sujeito.

Exemplos:

Lugares **existiam**, mas faltava público.

Não **existirão** outros problemas.

Se **existirem** reclamações, anotá-las-emos.

Existiriam três oportunidades para cada um.

TODO O E TODO

Devemos usar **todo o**, **toda a**, quando essas expressões forem substituíveis, sem quebra de sentido, por **o... inteiro**, **a...inteira**.

Exemplos:

Todo o mundo lamentou a morte do grande líder.

(O mundo inteiro lamentou a morte do grande líder.)

Ele passou **toda a vida** estudando.

(Ele passou a vida inteira estudando.)

Devemos usar apenas **todo**, **toda**, quando essas palavras forem substituíveis por **qualquer**.

Exemplos:
Todo aluno sabe isso.
(Qualquer aluno sabe isso.)
Toda criança gosta de brincar.
(Qualquer criança gosta de brincar.)
Nota:
Essa diferenciação só é válida para o singular.

No plural, as palavras "todos", "todas" sempre se farão acompanhar pelos artigos "os", "as", independentemente do significado em que tenham sido empregadas.

TRATA-SE DE CASOS ISOLADOS OU TRATAM-SE DE CASOS ISOLADOS?

Na sequência VERBO... PARTÍCULA "SE"... SUBSTANTIVO..., o substantivo é, normalmente, o sujeito e, por isso, estando no plural, faz com que o verbo vá, igualmente, para o plural.

Exemplos:
Vendem-se casas.
Exigem-se documentos.
Reformam-se móveis usados.
Alugam-se bicicletas.

Porém, se vier uma preposição (geralmente "de") antes do substantivo, esse passa a ser objeto indireto, e a concordância se desfaz.

O verbo permanece, imperturbavelmente, no singular.

Exemplos:
Trata-se de casos isolados.
Necessita-se de balconistas.
Precisa-se de pedreiros.

TU E ELA SERÃO FELIZES OU TU E ELA SEREIS FELIZES?

O certo é "Tu e ela sereis felizes". A segunda pessoa tem preferência sobre a terceira.

Por isso, quando o sujeito é representado por um pronome da segunda pessoa (tu) e um pronome da terceira pessoa (ele, ela), o verbo deverá ir para a segunda pessoa do plural (vós).

Estão, pois, gramaticalmente erradas construções do tipo de:

Tu ela serão felizes.
Tu e ela viviam brigando.
Ela e tu voltarão na mesma hora.

Corrija-se, dizendo:

Tu e ela **sereis** felizes.
Tu e ela **vivíeis** brigando.
Ela e tu **voltareis** na mesma hora.

É APENAS UM, MAS LEVA O VERBO PARA O PLURAL.

A expressão **um dos que...** significa "um dentre os quais".

Assim, quando dizemos, por exemplo, "Um dos fatores que mais nos **prejudicam** é a presunção", o sentido é:

"Um dentre os fatores os quais mais nos prejudicam é a presunção".

Por isso é que o verbo (nesse caso "prejudicar") deve ir para o plural.

Ele concorda com o termo "quais" (plural) e não com o termo "um" (singular).

VIAJAR DE...

Usa-se "viajar de", quando o meio de transporte não está seguido de um adjetivo ou de um complemento que o especifiquem.

Viajamos de carro.

Viajaremos ao Rio de avião.

VIAJAR POR...

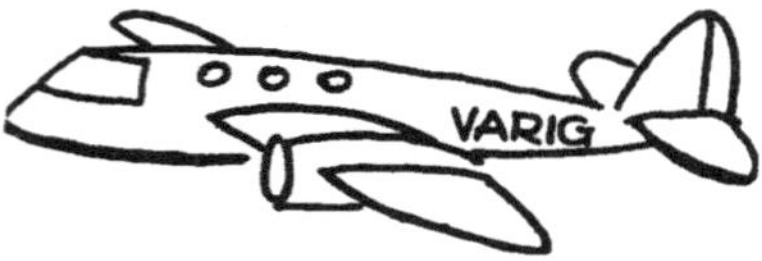

Usa-se "viajar por" (pelo, pela) quando o meio de transporte vem seguido de um adjetivo ou de um complemento que o especificam.

Exemplos:

Viajaremos pelo trem noturno.

Viajaríamos pelo ônibus das cinco.

Viajamos pelo avião da Varig.

Nota:

É corrente, nesse segundo tipo de construção, usar as combinações "no", "na" em vez de "pelo", "pela".

VIAJAR COM...

Embora seja comum, na linguagem falada popular, usar-se a preposição "com" junto a meios de transporte, cabe frisar que, nesse caso, de acordo com a gramática, muda o sentido.

"Com" indica companhia, de modo que dizer "viajar com" significa "viajar acompanhado de" ou "acompanhando alguém ou alguma coisa".

Exemplos:

Viajei com Maria.
(= Viajei acompanhado de Maria.)
Viajamos com o trem das cinco.
(= Viajamos acompanhando o trem das cinco.)

VOSSA EXCELÊNCIA SUA EXCELÊNCIA

Antes dos tratamentos "Excelência", "Senhoria", "Reverência", etc., usa-se o possessivo "vossa", quando se está falando com a pessoa; usa-se o possessivo "sua", quando se está falando sobre a pessoa, a respeito da pessoa.

Flexione certo

SE NOS ABSTERMOS OU SE NOS ABSTIVERMOS?

Abster deriva-se de “ter”.

Ora, não se diz “se termos...”, e sim “se tivermos...”; o correto, portanto, é **se nos abstivermos...**

Da mesma forma, estão erradas construções como:

Se nos mantermos calmos, será melhor.

Se nos determos um pouco, acharemos a resposta.

Se ele não se conter, poderá arrepender-se.

Corrija-se, dizendo:

Se nos **mantivermos** calmos, será melhor.

Se nos **detivermos** um pouco, acharemos a resposta.

Se ele não se **contiver**, poderá arrepender-se.

A ALUVIÃO

Como a maioria dos substantivos concretos terminados em “ão” são masculinos (o violão, o pavão, o coração, o torrão, o facão, o pulmão, o cristão, etc.), há quem diga “o aluvião”, quando **o correto é dizer-se “a aluvião”**.

SEGUE ANEXO OU SEGUE ANEXA?

O termo "anexo" é um adjetivo e, como tal, é totalmente variável, concordando, em gênero e número, com o substantivo ao qual se refere.

Exemplos:

Segue **anexo o relatório**.

Seguem **anexos os relatórios**.

Segue **anexa a duplicata**.

Seguem **anexas as duplicatas**.

A APENDICITE

"Apendicite" é palavra feminina.

Apesar disso, é comum dizer-se "o apendicite", possivelmente por influência da palavra primitiva: o apêndice.

AZUL-CLARO, AZUIS-CLAROS OU AZUL-CLAROS?

Nos compostos designativos de cor, ou só o segundo elemento varia, ou nenhum dos dois varia.

O segundo elemento varia, quando é adjetivo, a exemplo de "claro", "escuro", "negro", "alaranjado", "avermelhado", "cinzento", etc.

Exemplos:

blusa verde-**escura**,
blusas verde-**escuras**,
olhos azul-**claros**,
camisetas rubro-**negras**,
luvas vermelho-**alaranjadas**,
céus azul-**cinzentos**.

O segundo elemento não varia, quando é substantivo, a exemplo de "safira", "choque", "mar", "limão", etc. Exemplos: olhos azul-safira, blusas rosa-choque, saias verde-mar, meias amarelo-limão.

ELE TEM BASTANTE ADMIRADORAS OU ELE TEM BASTANTES ADMIRADORAS?

O termo "bastante" é invariável, quando acompanha um verbo ou um adjetivo.

Exemplos:

Elas estudaram bastante.

Elas são bastante estudiosas.

Mas, quando o termo "bastante" acompanha um substantivo, passa a concordar com esse.

Exemplo:

Ele tem bastantes admiradoras.

Isto é:

Ele tem muitas admiradoras, ou

Ele tem admiradoras suficientes.

BRASILEIRO E BRASILEIRA

Ao preencher documentos ou formulários, após o item **nacionalidade**, as pessoas de sexo masculino, geralmente, escrevem "brasileiro", com "o".

Não há mal algum, todavia, se escrevermos "brasileira" (com "a"), pois, no caso, o adjetivo está concordando com o substantivo feminino "nacionalidade" e, não, com o sexo da pessoa que está preenchendo o formulário que lhe foi proposto.

A CAL!

Talvez por associar com palavras como "o sal", "o mal", "o animal", "o jornal", etc., há quem diga "o cal".

O certo, porém, é **a cal**.

BRINDAR COM <u>UM</u> CHAMPANHA OU BRINDAR COM <u>UMA</u> CHAMPANHA?

O certo é "**um** champanha".

Trata-se de substantivo masculino, pois está implícito o termo "vinho".

Assim, quando dizemos:

"Vamos brindar com **um champanha**", queremos dizer:

"Vamos brindar com **um vinho champanha**".

Nota:

A forma *champagne* é francesa e foi aportuguesada para "champanha" (com "a"), ou "champanhe".

Esta última forma tem dois gêneros: **um** champanhe ou **uma** champanhe.

CIÚME

Há palavras que alguns usam sempre acrescidas de "s" final, como se essa fosse a forma exclusiva.

Dentre elas, salientaríamos:

BULE,

FOLE,

CIÚME.

O "s" final, no caso, só se justifica se o termo estiver pluralizado.

EU COLORO OU EU ESTOU COLORINDO?

O verbo **colorir** não se conjuga na primeira pessoa do singular do presente do indicativo, embora tenha todas as demais pessoas desse tempo: tu colores, ele colore, nós colorimos, vós coloris, eles colorem.

Em vez de dizermos “eu coloro”, devemos dizer “eu vou colorir”, **eu estou colorindo** ou qualquer expressão equivalente.

Nota:

Essa mesma norma também se aplica aos verbos **abolir**, **banir**, **demolir**, **discernir**, **explodir**, **extorquir**, **impelir**...

DIZER-LHE-EI A VERDADE OU DIR-LHE-EI A VERDADE?

A primeira pessoa do singular do futuro do indicativo dos verbos “dizer” e “fazer” é “direi” e “farei”.

Ao colocar, portanto, o pronome “lhe” após o “r”, teremos as formas **dir-lhe-ei** (e, não, “dizer-lhe-ei”), “far-lhe-ei” (e, não, “fazer-lhe-ei”).

Exemplos:

Errado:

Dizer-lhe-ei toda a verdade.

Fazer-lhe-ei todas as vontades.

Certo:

Dir-lhe-ei toda a verdade.

Far-lhe-ei todas as vontades.

DUZENTOS GRAMAS DE QUEIJO PRA ACOMPANHAR O CHOPINHO.

"O grama" e "o quilograma" (unidades de massa) são masculinos.

"A grama" (feminino) é sinônimo de "capim".

Aliás, a maioria das palavras terminadas por "ma" são masculinas:

o grama,
o cisma (separação),
o teorema,
o apostema,
o telefonema.

ELE INTERVIU OU ELE INTERVEIO?

O certo é "ele interveio".

O verbo **intervir** deriva-se do verbo "vir".

Ora, dizemos:

Eu vim
Tu vieste
Ele veio
Nós viemos
Vós viestes
Eles vieram

Portanto, digamos:

Eu intervim
Tu intervieste
Ele interveio
Nós interviemos
Vós interviestes
Eles intervieram

MEIO NERVOSA OU MEIA NERVOSA?

O vocábulo **meio**, quando se refere a um **substantivo**, concorda com esse.

Exemplo:

Ele tomou **meia garrafa** de uísque.

Mas, quando se refere a um **adjetivo**, é invariável, ou seja, permanece sempre no masculino singular. Exemplos:

Ela ficou **meio nervosa**. A moça estava **meio desconfiada**.

Petrônia é **meio louca**. Maria chegou **meio atrasada**.
Lisete tomou **meia taça** de vinho e ficou **meio tonta**.

"DE MANEIRAS QUE" OU "DE MANEIRA QUE"...?

O autor dessa letra usou a expressão "de maneiras que" certamente para se identificar com a linguagem do povo, mas é gramaticalmente errado usar, no plural, as expressões **de maneira que**, "de modo que", "de forma que", pois as mesmas são conjunções (locuções conjuntivas), e conjunção é palavra *invariável.*

JUNTE BEM <u>AS</u> OMOPLATAS.

Certamente por associar com “osso” (masculino), muita gente diz “o omoplata”.

Mas o certo é **a omoplata**.

QUANDO A GALINHA <u>PÔR</u> OU QUANDO A GALINHA <u>PUSER</u>?

Sendo o verbo de uma oração temporal (introduzida pela palavra “quando”) ou condicional (introduzida pela palavra “se”), o verbo **pôr** assume a forma “puser”.

O mesmo ocorre com seus derivados.

Exemplos:

Errado:

quando ele depor...
se ele compor...
se ele impor...
quando ele decompor...
se ele recompor...

Certo:

quando ele depuser...
se ele compuser...
se ele impuser...
quando ele decompuser...
se ele recompuser...

DEUS PREMIA OS BONS... OU DEUS PREMEIA OS BONS?

O certo, no caso, é "Deus premia os bons".

Em se tratando de verbos terminados por "iar", a norma é apresentarem "ia" na terceira pessoa do singular do presente do indicativo.

Exemplos:

premiar	ele premia
negociar	ele negocia
agenciar	ele agencia
sentenciar	ele sentencia
silenciar	ele silencia
variar	ele varia

Veja a exceção no item seguinte.

A TURMINHA DO MÁRIO

Existem, entretanto, cinco verbos terminados por **iar** que apresentam **eia** na terceira pessoa do singular do presente do indicativo:

Med**iar** – ele med**eia**

Ans**iar** – ele ans**eia**

Remed**iar** – ele remed**eia**

Incend**iar** – ele incend**eia**

Od**iar** – ele od**eia**

É fácil memorizar esses cinco verbos: basta perceber que, juntando-se as letras iniciais de todos eles, se forma a palavra Mário.

Observação: O Acordo Ortográfico de 2008 admitiu também as formas "premeia" e "negoceia" em função de tais empregos em Portugal, especialmente. Todavia sugere-se a forma usual em nosso meio, a fim de se evitar maior impacto na comunicação.

PRESIDENTA

O substantivo "presidente" pode ser usado para os dois gêneros.

Mas é também perfeitamente correto dizer-se "a presidenta", visto que essa forma já consta nos dicionários, em gramáticas e até no *Vocabulário Ortográfico da Língua Portuguesa.*

A exemplo de "presidenta", existem muitos outros substantivos femininos terminados por "a" que o povo evita usar, quer em virtude do preconceito de que se trata de funções ou características próprias do homem, quer por considerá-los mal sonoros ou exóticos.

Atualmente, quando a mulher participa de quase tudo, parece-nos chegada a hora de superarmos certos "machismos" anacrônicos e empregarmos, sem qualquer inibição, pelo menos os femininos que a gramática já ratificou definitivamente.

Entre esses, salientaríamos:

o cavaleiro – a cavaleira
o gigante – a giganta
o juiz – a juíza
o maestro – a maestrina
o oficial – a oficiala
o senador – a senadora
o tabelião – a tabelioa ou tabeliã

ESTÃO QUITE OU ESTÃO QUITES?

"Quite" é um adjetivo.

Significa "quitado", "livre", "desembaraçado".

Exatamente por ser adjetivo, é variável, concordando, em número, com o termo ao qual se refere.

Exemplos:

Ele está **quite** com seus credores.

Eles estão **quites** com seus credores.

ELE <u>REAVEU</u> O TEMPO PERDIDO OU ELE <u>REOUVE</u> O TEMPO PERDIDO?

O verbo "reaver" deriva-se do verbo "haver".

Ora, dizemos:

EU HOUVE

TU HOUVESTE

ELE HOUVE, portanto, digamos: eu reouve, tu reouveste, **ele reouve** (e, não, eu reavi, tu reaveste, ele reaveu).

Nota:

Derivando-se do verbo "haver", o verbo "reaver" se conjuga, entretanto, apenas nas pessoas em que o verbo primitivo tem a letra "*v*".

Exemplo:

Eu hei	—
Tu hás	—
Ele há	—
Nós ha**V**emos	Nós rea**V**emos
Vós ha**V**eis	Vós rea**V**eis
Eles hão	—

SÓ O SEGUNDO É QUE CONCORDA.

Quando tivermos dois adjetivos ligados por hífen, só o SEGUNDO é que concordará com o substantivo ao qual os dois se referirem; o primeiro ficará, invariavelmente, no masculino singular.

Exemplos:

Ignorávamos esse processo **físico**.

Ignorávamos esse processo **químico**.

Ignorávamos esses processos **físico-químicos**.

Ignorávamos essa reação **físico-química**.

Ignorávamos essas reações **físico-químicas**.

A SOJA

Muitas vezes me perguntaram em que gênero foi oficializada, recentemente, a palavra "soja".

Pois bem. Todos sabemos que a nossa língua escrita obedece, em tese, às postulações do *Vocabulário Ortográfico da Língua Portuguesa* (que é a fonte a evocar, quando se trata de resposta meramente "oficial" a problemas desse tipo).

Ora, nesse *Vocabulário*, como nos dicionários em geral, a palavra **soja** sempre foi, e continua sendo, FEMININA. Sob essa perspectiva, não houve polêmica nem oficialização.

Não houve polêmica, porque as fontes bibliográficas registram exclusivamente o gênero feminino; nem houve, em rigor, oficialização, porque, enfim, o feminino já era mesmo o gênero gramatical da palavra "soja" há muito tempo.

Trata-se de um termo que entrou para nossa língua escrita, no feminino, vindo do vocábulo japonês *shoya*.

ESTAMOS SÓ OU ESTAMOS SÓS?

Quando o vocábulo **só** significa "sozinho", "solitário", é adjetivo e, consequentemente, é variável.

Exemplo:

Estamos sós. (Isto é, estamos sozinhos, solitários.)

Mas, quando significa "somente", é invariável.

Exemplo:

Restaram só lembranças (isto é, restaram somente lembranças).

A SENTINELA, A ORDENANÇA.

"A sentinela" e "a ordenança" (soldado posto às ordens de uma unidade) são, em rigor, palavras femininas.

Mas, por tratar-se de função exercida por homens, o povo já insistiu tanto em usá-las no masculino, que, atualmente, o *Vocabulário Ortográfico da Língua Portuguesa* já aceita os dois gêneros, pelo menos para a segunda palavra.

A TESTEMUNHA É FEMININA!

O substantivo "testemunha" é sempre feminino, embora se aplique aos dois gêneros.

É, pois, errado dizermos:

João é meu testemunha.

Esses foram os meus testemunhas de casamento.

Ele era o único testemunha da acusação.

Corrija-se, dizendo:

João é **minha** testemunha.

Esses foram as minhas testemunhas de casamento.

Ele era a única testemunha da acusação.

Nota:

Existe também o substantivo "testemunho" (masculino), mas não se aplica a pessoas.

Com efeito, "testemunho" é a declaração ou a alegação proferida ou redigida pela pessoa que serviu de "testemunha".

É, ainda, sinônimo de "prova", "vestígio".

VIMOS OU VIEMOS?

Quanto ao verbo **vir**, devemos usar "vimos", quando se trata de ação presente; e "viemos", quando se trata de ação passada.

Exemplo:

Ontem, viemos aqui e não o encontramos; por isso, hoje, vimos novamente.

SE EU A VIR OU SE EU A VER?

O certo é "se eu a **vir**".

O verbo **ver**, nas frases em que vem introduzido pelos vocábulos "se" ou "quando", assume as formas **vir**, **vires**, **vir**, **virmos**, **virdes**, **virem**.

Exemplos:

Errado:

Se eu a ver, faremos as pazes.

Se veres o Carlos, avisa-o.

Quando ele ver a Maria, dará o aviso.

Quando nos vermos, trataremos do assunto.

Se verdes que a tese está errada, acusai.

Quando eles me verem aqui, ficarão surpresos.

Certo:

Se eu a **vir**, faremos as pazes.

Se **vires** o Carlos, avisa-o.

Quando ele **vir** a Maria, dará o aviso.

Quando nos **virmos**, trataremos do assunto.

Se **virdes** que a tese está errada, acusai.

Quando eles me **virem** aqui, ficarão surpresos.

ELEFANTA

Em explicação anterior (p.176), lembramos que certos substantivos tipicamente masculinos já têm forma feminina em "a" devidamente registrada em gramáticas e dicionários.

Na ocasião, referimo-nos apenas a designativos de pessoas.

Gostaríamos de acrescentar, agora, que também para os designativos de animais já existem algumas formas registradas que não são muito conhecidas.

Entre essas, chamamos a atenção para:

o elefante – a elefanta

o javali – a javalina

o pavão – a pavoa

o veado – a veada

PONTUE CERTO

A PROPÓSITO DA PONTUAÇÃO

É claro que existem normas fixas de gramática relativas à pontuação.

A essas, entretanto, deve-se acrescentar a criatividade ou a intuição do redator.

Observe-se, por exemplo, a estrofe seguinte, manifestação de um alegre poeta apaixonado por uma moça chamada Soledade:

"Se obedecer à razão,
Digo que amo Soledade.
Não a Rosa, cuja bondade
Ser humano não teria.
Não aspiro à mão de Íria,
Que não é linda beldade."

Os versos não são nenhum primor, mas Soledade gostou muito.

Apaixonou-se também pelo poeta e foram felizes por... pouco tempo, porque ele, muito volúvel, cedo a esqueceu e começou a namorar uma tal de Rosa.

Como os versinhos já haviam dado sorte, o autor modificou a pontuação e enviou-os a Rosa:

"Se obedecer à razão,
Digo que amo Soledade?
Não. A Rosa, cuja bondade
Ser humano não teria.
Não aspiro à mão de Íria,
Que não é linda beldade."

E a história se repetiu. Depois de algum tempo, o poeta também esqueceu Rosa e passou a interessar-se por uma feinha original chamada Íria.

Como não podia deixar de ser, enviou-lhe a mesma estrofe com outra pontuação:

"Se obedecer à razão,
Digo que amo Soledade?
Não. A Rosa, cuja bondade
Ser humano não teria?
Não. Aspiro à mão de Íria,
Que não é linda beldade."

E, por fim, desiludido de todas elas, modificou, pela última vez, a pontuação da estrofe, fixando nela todo o seu desencanto:

"Se obedecer à razão,
Digo que amo Soledade?
Não! A Rosa, cuja bondade
Ser humano não teria?
Não! Aspiro à mão de Íria?
Quê!? Não é linda beldade..."

ISOLADA!

A conjunção coordenativa adversativa (porém, todavia, contudo, entretanto, no entanto), quando vem no início de sua respectiva oração, leva apenas vírgula antes.

Exemplos:

Comprei o livro, *porém não o li até o fim,*

Prometia arriscar-se, *no entanto agia com muita cautela.*

Mas, quando deslocada para o interior de sua oração, deve ficar *isolada* por um entre-vírgulas.

Exemplos:

Comprei o livro; *não o li,* porém, *até o fim.*

Prometia arriscar-se; *agia,* no entanto, *com muita cautela.*

LUGARZINHO RESERVADO

Ao deixarmos o verbo oculto, devemos assinalar, com uma vírgula, o lugar que ele ocuparia.

Exemplos:

Verbo Claro:

Eu tenho meus problemas; tu *tens* os teus.

Castro Alves é um grande poeta; Rui Barbosa *é* um grande orador.

Uns propunham a violência. Outros *propunham* o diálogo.

Verbo Oculto:

Eu tenho os meus problemas; tu, os teus.

Castro Alves é um grande poeta; Rui Barbosa, um grande orador.

Uns propunham a violência. Outros, o diálogo.

MINÚSCULA, COM DOIS-PONTOS!

Temos notado que, em redações não especializadas, há uma tendência manifesta a usar sempre letra maiúscula após dois-pontos.

Todavia, a posição gramatical, no caso, é exatamente o contrário: os dois-pontos não se dão muito bem com maiúscula.

Tanto que, em rigor, só existe um caso em que eles a provocam: a citação.

Por citação, entendemos a transcrição exata daquilo que foi dito ou escrito por alguém.

Exemplos:

Disse Aristóteles: "Meus amigos, não há amigos".

Jesus disse: "Amai-vos uns aos outros".

Ao notar o velho companheiro em seu escritório, exclamou: "Mas você ainda existe, João!"

Assim reza o artigo 34:

"Não poderá concorrer à presidência do Clube o associado que não fizer parte de seu quadro social há, pelo menos, quatro anos".

Não se tratando, entretanto, especificamente de uma citação, usar-se-á minúscula após os dois-pontos.

Exemplos:

Uma coisa devemos ter sempre presente: a fidelidade ao nosso ideal.

Malandro não estrila: chia.

O verdadeiro amor não é posse: é, acima de tudo, renúncia.

Castro Alves é um grande poeta social: sua poesia influiu na libertação dos escravos.

Abandonou tudo: boêmia, violão, passarinhos, coleção de selos...

DEPOIS DA PALAVRA "QUE", NÃO EXISTE VÍRGULA.

O que pode existir, normalmente, é um **entre-vírgulas**.

Exemplos:

Todos imaginavam que, **naquele momento**, teriam uma surpresa.

Vejo que, **apesar de tudo**, ela ainda é a melhor.

Fique sabendo que, **daqui por diante**, você não manda mais.

Diz o estatuto que, **em caso de empate**, o Diretor decidirá.

Não podemos ignorar que, **quando não há mais compreensão e respeito entre os cônjuges**, a família está praticamente destruída.

Se, nos exemplos anteriores, deixássemos apenas a primeira vírgula após a palavra "que" (fato que acontece, certamente por descuido, em redações comuns), teríamos uma frase ritmicamente "aleijada", artificial, absurda.

PARADINHA EXCEPCIONAL

O normal é não usar vírgula antes da palavra "e".

Exemplos:

Saímos pela manhã e voltamos à tarde.

Pensamos melhor e resolvemos aceitar a proposta.

Queríamos vencer e fizemos tudo para consegui-lo.

Excepcionalmente, porém, podemos fazer uma "paradinha" antes do "e", quando ele ligar duas ideias que, emendadas, poderão tumultuar o ritmo da frase.

Exemplo:

Ele entrou no palco, e caiu a cortina.

Note-se que, no exemplo proposto, uma leitura ininterrupta poderia, até certo ponto da frase, dar a impressão de que "ele" (e não a cortina) é que caiu: Ele entrou no palco e caiu...

PAUSA INOPORTUNA!

Em regra, constitui "erro de fôlego" deixarmos uma vírgula, apenas uma vírgula, após o vocábulo "e".

Exemplo:

Eu queria tudo e, não consegui nada.

Em redações comuns, no mais das vezes, aquela vírgula é inconsciente, viciosa.

Mas, se houver de nossa parte, realmente, o intuito de imprimirmos um tom de indecisão após o "e", então obteremos melhor efeito usando reticências:

Eu queria tudo e... Não consegui nada!

É normal, entretanto, usamos um entre-vírgulas após a conjunção "e", fato que só deve ocorrer, quando quisermos isolar um elemento que esteja fora de ordem.

Exemplos:

ORDEM DIRETA

Eu queria este livro e o encontrei **na Livraria Sulina**.

Almejamos a vitória e a alcançaremos **apesar dos obstáculos**.

Informei-me do assunto e já o sabia **quando me procuraste**.

FORA DE ORDEM

Eu queria este livro e, **na Livraria Sulina**, o encontrei.

Almejamos a vitória e, **apesar dos obstáculos**, a alcançaremos.

Informei-me do assunto e, **quando me procuraste**, já o sabia.

PAUSA PROIBIDA!

A pontuação é, em grande parte, intuitiva e até pessoal.

Há, porém, algumas normas fixas impostas pela gramática.

Dentre essas, uma das mais importantes e, infelizmente, mais negligenciadas pelo redator não especializado é a que se refere à dupla SUJEITO-VERBO.

Entre essas duas funções não se deve colocar vírgula, mesmo que, numa análise menos profunda, se admita a existência de pausa.

Exemplo:

Uns vieram à vida a serviço; *outros vieram* a passeio.

Num primeiro impulso, pode-se julgar cabível fazer pausa entre os termos "uns" e "vieram" ou entre os termos "outros" e "vieram":

Uns... vieram à vida a serviço; *outros... vieram* a passeio.

Como, todavia, os termos grifados são, respectivamente, sujeito e verbo, usar vírgula entre eles seria desrespeitar uma das mais elementares normas de pontuação impostas pela gramática.

Seria, digamos, uma PAUSA PROIBIDA, algo tradicionalmente considerado como um "erro de fôlego".

Nota:

Ainda que o sujeito seja uma oração inteira, a vírgula entre ele e o verbo é gramaticalmente proibitiva.

Exemplos:

Errado:

Que sejas muito feliz, é tudo o que desejamos.

Que o Brasil vença mais da metade das partidas em sua atual excursão pela Europa, ainda não constitui uma grande demonstração de nossa proverbial superioridade.

Certo:

Que sejas muito feliz é tudo o que desejamos.

Que o Brasil vença mais da metade das partidas em sua atual excursão pela Europa ainda não constitui uma grande demonstração de nossa proverbial superioridade.

PAUSA PROIBIDA!!

Entre o *verbo* e o *objeto* não se pode usar vírgula, mesmo que o objeto esteja representado por uma oração inteira.

Do ponto de vista da pontuação gramatical, seria errado escrevermos, por exemplo:

Esperamos, *tua volta.*

Esperamos ansiosamente, *tua volta.*

Esperamos ansiosamente, *que voltes.*

Corrija-se, escrevendo:

Esperamos *tua volta.*

Esperamos ansiosamente *tua volta.*

Esperamos ansiosamente *que voltes.*

Se quisermos salientar, para efeito de pontuação, o termo "ansiosamente", é o caso, então, de o colocarmos entre vírgulas:

Esperamos, *ansiosamente,* que voltes.

Grafar, porém, apenas a segunda vírgula, deixando-a antes da oração "que voltes", a qual funciona como objeto direto de "esperamos", é expor-se a uma PAUSA PROIBIDA, é incorrer em algo tradicionalmente considerado como um "erro de fôlego".

ORA, POIS, POIS...

Do ponto de vista gramatical, há duas pontuações para a palavra "pois":

Quando significa "porque", só leva vírgula antes.

Exemplo:

Não fui ao futebol, *pois* estava chovendo.

(Não fui ao futebol, *porque* estava chovendo.)

Quando significa "portanto", fica *entre vírgulas.*

Exemplo:

Não tenho tempo; não irei, *pois,* ao futebol.

(Não tenho tempo; não irei, *portanto,* ao futebol.)

Nota:

Como se pode perceber pelo exemplo anterior, o vocábulo "pois", na acepção de "portanto", aparece sempre deslocado dentro da oração.

Separe certo

A PROPÓSITO DA SEPARAÇÃO DE SÍLABAS

SUB-ES-TI-MAR OU SU-BES-TI-MAR?

Uma consoante entre duas vogais, a consoante fica com a segunda vogal.

Exemplos:
s**u** - b**e**s - t**i** - m**a**r
e - d**u** - c**a** - ç**ão**
e - x**i** - g**i**r

TRANS-A-MA-ZÔ-NI-CA OU TRAN-SA-MA-ZÔ-NI-CA?

Duas consoantes entre duas vogais, fica uma consoante para cada vogal.

Exemplos:
tr**a**n - s**a** - m**a** - z**ô** - n**i** - c**a**
r**i**t - m**o**
am - n**é** - s**ia**

Mais de duas consoantes entre duas vogais: a primeira vogal fica com todas as consoantes, menos a última.

Exemplos:
f**e**lds - p**a** - t**o**
tr**a**ns - p**o**r - t**e**

Nota:

As normas anteriores perderão seu efeito, quando, em função delas, a silabação se tornar absurda.

Em tal caso, substituir-se-ão as "normas" pelo "ouvido".

É o que acontece em palavras do tipo de "livro" e "Cisplatina".

De acordo com as normas propostas, teríamos: liv - ro; Cisp - la - ti - na ...

Mas como, em tais casos, a silabação ficaria artificialíssima, dispensam-se as normas e segue-se o ouvido:

li - vro; Cis - pla - ti - na.

JO-IA OU JOI-A?

Ao separarmos as sílabas de palavras do tipo de "joia", "apoia", "Troia", "meio", "plateia", "tamoio", "recreio", "jiboia", etc., devemos levar em conta que o correto é a vogal do meio apoiar-se na vogal ANTERIOR:

joi - a
Troi - a
a - poi - a
mei - o
pla - tei - a
ta - moi - o
re - crei - o
ji - boi - a

SERES IGUAIS SE REPELEM!

Em se tratando de separação de sílabas, letras iguais nunca ficam juntas. Exemplos:

álcool – ál - co - ol
caatinga – ca - a - tin - ga
carroça – car - ro - ça
avesso – a - ves - so

ÍNDICE GERAL

IMPRESSÃO:

GRÁFICA EDITORA
Pallotti
IMAGEM DE QUALIDADE

Santa Maria - RS - Fone/Fax: (55) 3220.4500
www.pallotti.com.br